イラストで知る
アジアの子ども

編著／財団法人　アジア保健研修財団

明石書店

はじめに

この本《ほん》を読《よ》む前《まえ》に、まずアジアの国々《くにぐに》に暮《く》らす子《こ》どもについて想像《そうぞう》してみましょう。

みなさんの思《おも》い浮《う》かべる子どもは、どんな子どもでしょうか……？

この本に登場《とうじょう》する子どもたちの中《なか》には、家《いえ》が貧《まず》しいために、学校《がっこう》に行《い》けず、自分《じぶん》が働《はたら》かなければご飯《はん》が食《た》べられない子もいます。また、同《おな》じ国の人《ひと》たち同士《どうし》で戦争《せんそう》が起《お》きてしまったために、安心《あんしん》して生活《せいかつ》することができないでいる子もいます。体《からだ》に障《しょう》がいがあって、生活するのに困《こま》ることもあります。みなさんと比《くら》べると、ちょっと大変《たいへん》なことが多《おお》いかもしれません。

それでも、外《そと》で思《おも》いっきり走《はし》ったり、友《とも》だちと遊《あそ》んだり、スピーチコンテストに出《で》たこともあったり、一番《いちばん》の楽《たの》しみはおやつだったり……。みなさんと同じように、楽《たの》しいことが大好《だいす》きで、悲《かな》しいことは辛《つら》いです。

毎日《まいにち》を一生懸命《いっしょうけんめい》に生《い》きている子どもたち、周囲《しゅうい》で支《ささ》える人たち、また、その人たちの健康《けんこう》や暮《く》らしをよくしたいと活動《かつどう》する NGO や保健《ほけん》ワーカーの存在《そんざい》、そこに生《う》まれるさまざまなストーリーから、みなさんが何《なに》かを感《かん》じとってくださったら嬉《うれ》しく思います。

すべての子どもたちの健康、いのちが守《まも》られ、彼《かれ》らが夢《ゆめ》をもって安心して暮らせるような未来《みらい》を願《ねが》って……。

もくじ

アジア

カザフスタン
ウズベキスタン
トルクメニスタン
キルギス
タジキスタン
アフガニスタン
パキスタン
1・2章
ネパール
ブータン
インド
3章
バングラデシュ
5章
ミャンマー
スリランカ
4章
N

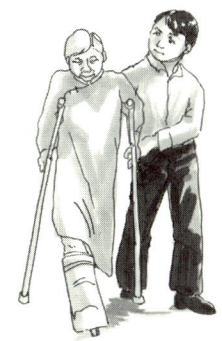

の国々《くにぐに》

モンゴル
朝鮮民主主義《ちょうせんみんしゅしゅぎ》
人民共和国《じんみんきょうわこく》
日本《にほん》
大韓《だいかん》
民国《みんこく》
中国《ちゅうごく》
8章
ラオス
台湾《たいわん》
13章
12章
フィリピン
タイ
6章
9章
ベトナム
7章
カンボジア
10章
ブルネイ
マレーシア
シンガポール
11章
インドネシア
東《ひがし》ティモール

1章《しょう》

みんな元気《げんき》に 胸《むね》をはって生《い》きたいね

―ネパール・ヒマラヤの青《あお》い空《そら》の下《もと》で―

わたしはツル。毎年《まいとし》 10 月《がつ》のはじめに、ヒマラヤをこえてインドにわたるアネハヅルです。わたしたちをいつもあたたかくむかえてくれる山《やま》の人々《ひとびと》に、また会《あ》えるんです。

ヒマラヤの山《やま》にすむ人《ひと》たちは、ずっとむかしからわたしたちに矢《や》やてっぽうを向《む》けたことは一度《いちど》もありません。それどころかわたりの季節《きせつ》になると、こうして歌《うた》とおどりでわたしたちをおうえんしてくれるのです。

ツールよ　ツルよ
親ヅル　子ヅル
みーんな　そろって　山こえろ〜
おーらたちも　ツルたちみたいに
みーんな　なかよく
手〜つないで
生きていくからよ〜

カラーン
クルーン

ヒマラヤ中腹《ちゅうふく》にくらすシェルパ族《ぞく》の人々《ひとびと》。登山《とざん》の案内《あんない》や荷物運《にもつはこ》びをすることで知《し》られる。

生きものは　みんな　神さま（山）のもの。
動物と　人間と　みんなで　分けあって生きていくのさ。

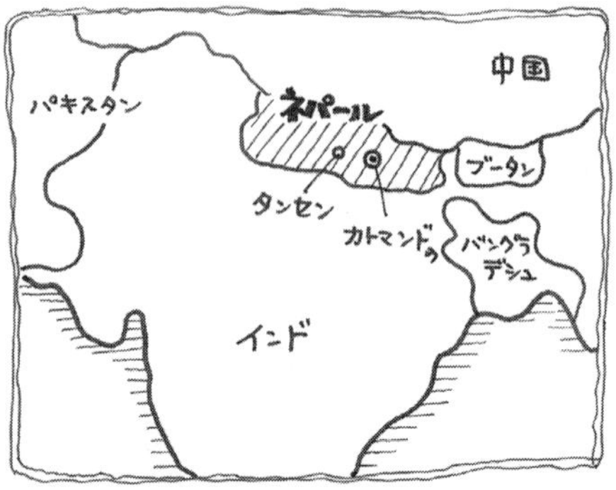
中国
パキスタン
ネパール
ブータン
タンセン
カトマンドゥ
バングラデシュ
インド

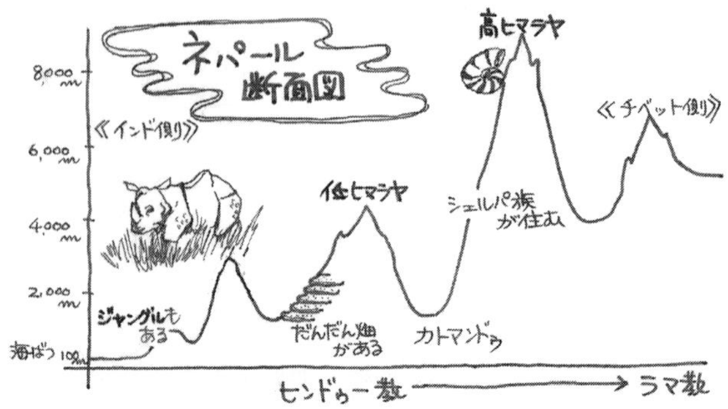
ネパール断面図
8,000m
6,000m
4,000m
2,000m
海ばつ100m
《インド側》
《チベット側》
高ヒマラヤ
低ヒマラヤ
シェルパ族が住む
ジャングルもある
だんだん畑がある
カトマンドゥ
ヒンドゥー教 → ラマ教

シベリヤ、モンゴルなどの草原《そうげん》で卵《たまご》を生《う》み
子育《こそだ》てをし、秋《あき》にインドにわたる。
朝日《あさひ》でヒマラヤの雪《ゆき》があたためられて
上昇《じょうしょう》気流《きりゅう》が発生《はっせい》する。その気流に乗《の》って
飛《と》ぶので羽《は》ばたかず、すべるようにわたる
万年雪《まんねんゆき》の美《うつく》しいヒマラヤの山々《やまやま》を人々は聖《せい》なる山、神々《かみがみ》の座《ざ》として朝夕《あさゆう》、手《て》を合《あ》わせてきた。登《のぼ》って征服《せいふく》しようなどと思《おも》ったことはなかった。
ことしも
きたよ～
荷物は、肩《かた》ではなく、
頭《あたま》にひもをかけて運ぶ。
トピー
男《おとこ》の人はみんなかぶる。
ナムロ
ドッコ
家《いえ》の数《かず》より寺《てら》の数が多《おお》く、人の数より
神《かみ》さまの数が多《おお》いといわれる。

ネパール連邦民主共和国《れんぽうみんしゅきょうわこく》

面積《めんせき》	14万《まん》km²（日本《にほん》の半分《はんぶん》よりやや小《ちい》さめ）
人口《じんこう》	2881万人《にん》（日本の人口1億《おく》2729万人）
首都《しゅと》	カトマンドゥ
ことば	ネパール語（公用語《こうようご》）、ネワール語など50以上《いじょう》
気候《きこう》	6～9月《がつ》が雨季《うき》、10～5月が乾季《かんき》

人口は『世界子供白書特別版2010』より

富士山《ふじさん》の2倍以上《ばいいじょう》もある高《たか》い山々が連《つら》なるけわしい山の中腹《ちゅうふく》やふもとに、人々は住《す》み続《つづ》けてきた。

山や谷《たに》がけわしいため行《い》き来《き》が難《むずか》しく、また気候《きこう》や地形《ちけい》も異《こと》なるので、30以上もの民《み》族《ぞく》がその人たちだけのことばや習慣《しゅうかん》を守《まも》って生《い》きてきた。

ヒマラヤをこえて南《みなみ》へしばらく飛《と》ぶと、タンセンという町《まち》があります。山《やま》の上《うえ》に病院《びょういん》が見《み》えます。よく見ると、あっちからもこっちからも病人《びょうにん》やけが人《にん》がそちらへ向《む》かっているようです。

たいていは、水牛《すいぎゅう》、ヤギなどを売《う》ったお金《かね》をもってくる。
途中《とちゅう》の食《た》べ物《もの》など、荷物《にもつ》も多《おお》い。
小麦粉《こむぎこ》、そば粉、なべなども。

川原医師《かわはらいし》のおはなし

わたしが、このタンセン病院《びょういん》で外科医《げかい》として3カ月間《げつかん》、朝《あさ》から晩《ばん》まで手術《しゅじゅつ》にあたっていたのはもう30年以上《ねんいじょう》も前《まえ》のことです（1976年《ねん》）。そのころネパールには人口《じんこう》10万人《まんにん》に1人《ひとり》の医者《いしゃ》しかいないといわれていました。ネパール西部《せいぶ》で病院らしい病院はここだけだったので、人々《ひとびと》は何十《なんじゅっ》キロもむこうから、まるで登山《とざん》をするようなけわしい山道《やまみち》を、歩《ある》いて病人《びょうにん》をつれてきました。

川原啓美《ひろみ》：アジア保健研修所《ほけんけんしゅうじょ》（AHI）創設者《そうせつしゃ》

乾季《かんき》になると、雨《あめ》はほとんど降《ふ》らず草《くさ》はかれてしまう。ウシやヤギなどのえさを集《あつ》めるのは子《こ》どもたちの仕事《しごと》。

1日《にち》せいぜい10～15キロしか歩けないので、1週間《しゅうかん》以上かかってやっとついた人もたくさんいました。ですからカルテには、病人が来《く》るのに何日《なんにち》（何時間《じかん》ではなく）かかったかが書《か》き込《こ》まれていました。その上《うえ》、がまんのすえにどうにもならなくなってから運《はこ》ばれてくるので、病気《びょうき》やけがはとてもひどくなっていました。

その中《なか》に、わたしの心《こころ》を強《つよ》く動《うご》かした患者《かんじゃ》さんがいました。

すすんだガンです。足を切りましょう。そうしないと体じゅうにどんどん広がって命があぶないのです。
朝5時におきて山道をおりて、川の水をくみに行きます。行って帰るのに2時間はかかります。
それは困ります。私の足がなくては家族は生きていけません。
ほかへ広がって死んでもかまいません。足は切らないで!!
20年まえのある日…

食事のしたく、たきぎひろい
水牛、ヤギのせわ。
どれも足が
なくては
できま
せん。
こどもは4人。
上の子はまだ
6才です。

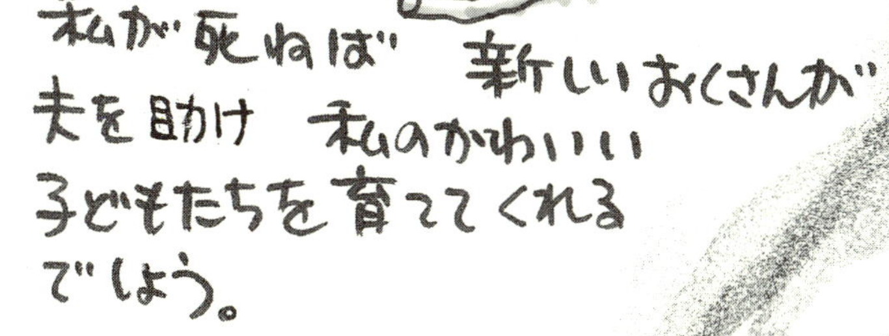
私が死ねば
新しいおくさんが
夫を助け
私のかわいい
子どもたちを育ててくれる
でしょう。

この人《ひと》たちの声《こえ》がわたしの頭《あたま》をはなれませんでした。

病院《びょういん》で患者《かんじゃ》を待《ま》つのではなく、村《むら》の中《なか》で、衛生《えいせい》や栄養《えいよう》など病気《びょうき》の予《よ》防《ぼう》について、村人《むらびと》といっしょになって考《かんが》える保健《ほけん》ワーカーが必要《ひつよう》なのだ。

村人の中に働《はたら》き手《て》を育《そだ》てることが大切《たいせつ》だ。

どうしてもそういう場《ば》を作《つく》りたい

そう考《かんが》えて、みんなに声《こえ》をかけました。

たくさんの人々《ひとびと》の協力《きょうりょく》があって、1980年《ねん》、愛知県日進市《あいちけんにっしんし》にアジア保健研修所《けんしゅうじょ》（Asian Health Institute=AHI）ができました。ここで研修を受《う》けた人々は、今《いま》それぞれの地《ち》で活《かつ》やくしています。

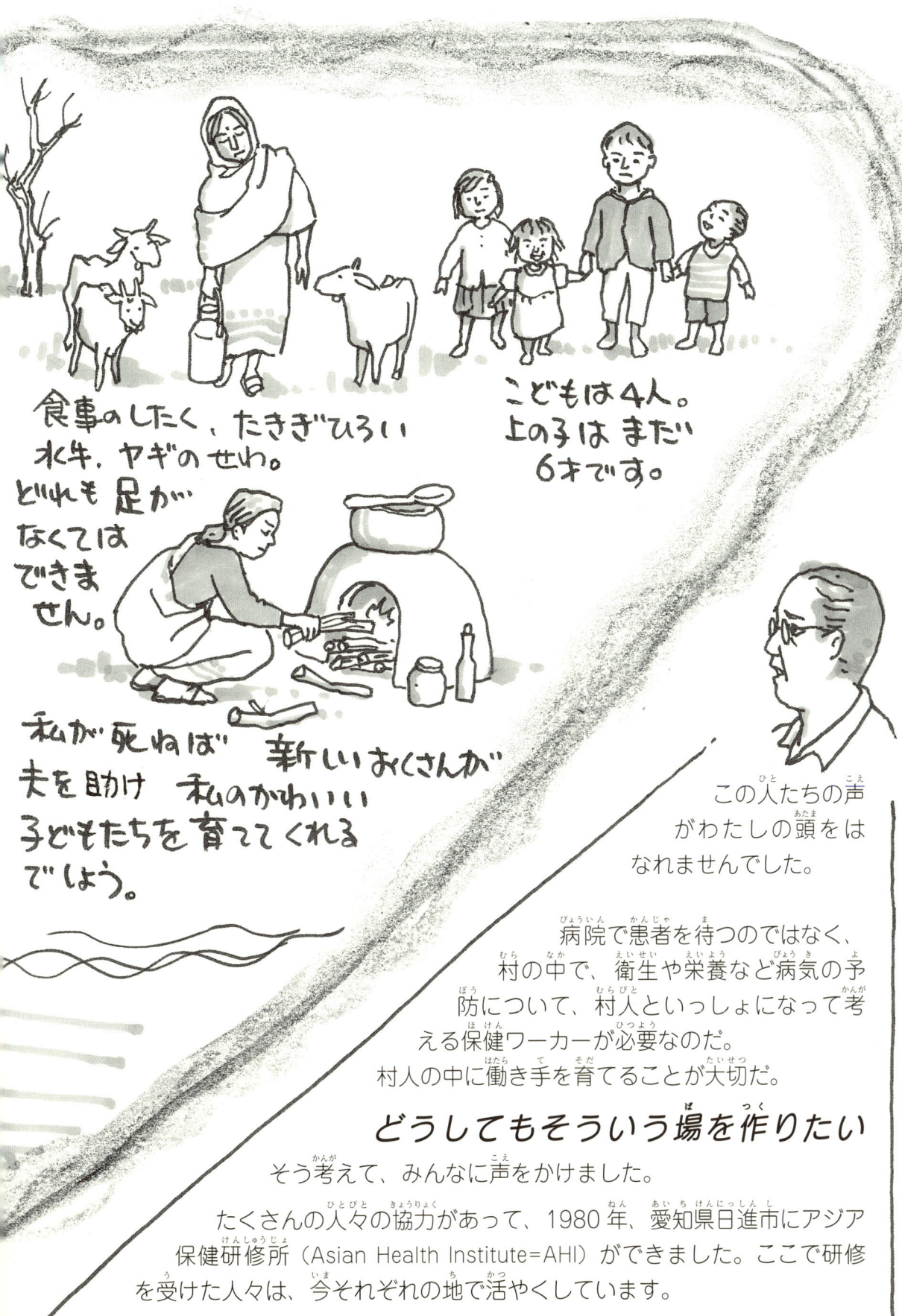

ずっと西《にし》の方《ほう》には大《おお》きな町《まち》があり、子《こ》どもたちが働《はたら》いているのが見《み》えます。

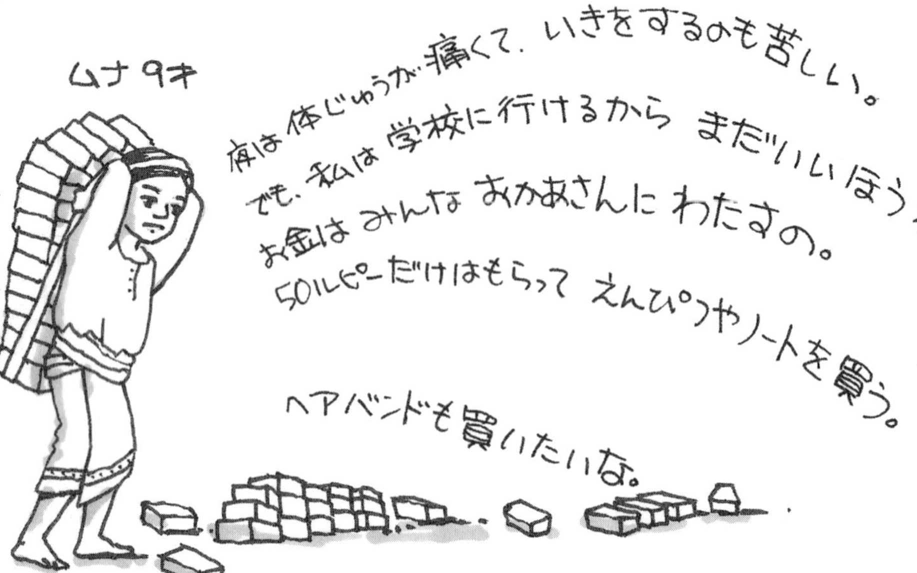

ムナ 9キ
夜は体じゅうが痛くて、いきをするのも苦しい。
でも、私は学校に行けるから まだいいほうね。
お金は みんな おかあさんに わたすの。
50ルピーだけはもらって えんぴつやノートを買う。
ヘアバンドも買いたいな。

いつもは学校《がっこう》に行《い》っている。夏《なつ》、冬《ふゆ》の休《やす》みにレンガ工場《こうじょう》で働く。朝《あさ》9時《じ》から夕方《ゆうがた》6時まで、日《ひ》に干《ほ》したレンガを100m先《さき》のかままで1日《にち》50往復《おうふく》500こ運《はこ》ぶ。1月《つき》で300ルピーもらう。

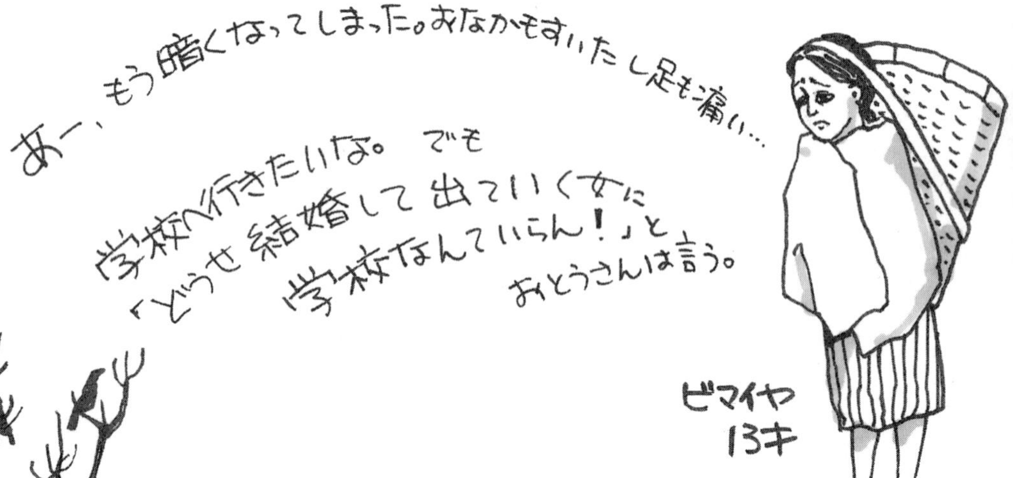

あー、もう暗くなってしまった。おなかもすいたし足も痛い…
学校へ行きたいな。でも
「どうせ結婚して出ていく女に
学校なんていらん！」と
おとうさんは言う。
ビマイヤ
13キ

毎朝《まいあさ》、暗《くら》いうちに起《お》きて土間《どま》をはき、ドロでかためる。水《みず》くみ、牛《ぎゅう》ふん運び、たきぎ集《あつ》めなど。最近《さいきん》は木《き》が少《すく》なくなったので遠《とお》くまで行《い》かなければならない。

シシャムさんのおはなし

川原医師《かわはらいし》がタンセンで仕事《しごと》をされた30年前《まえ》とくらべれば、ネパールにはお医者《いしゃ》さんの数《かず》もずいぶんふえて、人口《じんこう》2万人《まんにん》に1人《ひとり》の医師がいます。町には病院《びょういん》もふえました。

でも、まだ今《いま》でも変《か》わらない大《おお》きな問題《もんだい》があります。女《おんな》の人《ひと》が男《おとこ》の人より一《いち》だん低《ひく》く見《み》られていることです。

シシャム・ミシュラ：1997年国際研修参加者《こくさいけんしゅうさんかしゃ》。今は INSEC（民間《みんかん》サービスセンター）で人々《ひとびと》の人権《じんけん》を守《まも》る活動《かつどう》をしている。

南《みなみ》の方の、もうすぐインドというあたりになると、平《たい》らな畑《はたけ》や森《もり》がつづいています。ここでも、子どもたちが働いています。

うちには
あたしが生まれる
ずっと前から ここの親方に
2000ルピーの借りが あるん
だってさ。
だから あたしは 13のときから
死んだ かあさんの あとをついで
ここで朝から晩まで働いて‥‥
でも、もらうのは わずかな豆と麦。
年に一度の 古着と うでわ。
お金なんか 返せっこないよね。
あたしも 弟も 死ぬまでここで
働くしかないのかな。
ラム 19才
ねえさんは また
親方に
何をされているか
わからない……
アシャ 12才

1ネパールルピー＝約《やく》1.5円《えん》
(2006年6月現在《げんざい》)

「女はだまって、ただ働《はたら》けばよい」とされ、女の子《こ》たちの多《おお》くが小《ちい》さいうちから働き、学校《がっこう》にも行《い》けず、むりをして体《からだ》を悪《わる》くしています。ネパールでは、小《しょう》学校に入学《にゅうがく》する子どものうち女の子は30%で、そのうち半分《はんぶん》しか中《ちゅう》学校にすすみません。働かなくてはならないからです。女の子が1日に働く時間《じかん》の平均《へいきん》は、5～9歳《さい》で3時間半、10～14歳で7時間半です。また、女の人は家族《かぞく》の健康《けんこう》を守《まも》る大きな役割《やくわり》を果《は》たしています。

そこで私《わたし》たちは学校へ行けない子どもたちや、行けなかった大人《おとな》たち、とくに女の人たち

おや！　こんな時間《じかん》に字《じ》の勉強《べんきょう》をしているよ。

のための「字《じ》の教室《きょうしつ》」を開《ひら》いています。また、よくがんばる子《こ》には奨学金《しょうがくきん》を出《だ》して学校《がっこう》に行《い》くことを応《おう》えんしています。

字が読《よ》めるようになれば、もっとたくさんのことを知《し》り、自分《じぶん》たちに必要《ひつよう》なことを学《まな》べるようになります。なぜ自分たちはこういう生活《せいかつ》をしなければならないのか、それを変《か》えるにはどうしたらよいのか、健康《けんこう》にくらすにはどうしたらよいのか、など。

1998 年《ねん》の 1 月《がつ》、**子どもは大切《たいせつ》に育《そだ》てられる権利《けんり》がある**ことを世界中《せかいじゅう》の人《ひと》に知っ

てもらうために、働《はたら》く子どもたちが大行進《だいこうしん》をしました。フィリピンを出発《しゅっぱつ》しアジア、アフリカ、アメリカ、ヨーロッパをまわりました。のべ2万人《まんにん》の子どもたちが行進し、世界中から6000 万人の子どもたちが声《せい》えんを送《おく》りました。

日本《にほん》のみなさんも、かかえている問題《もんだい》はちがっても毎日《まいにち》の生活の中《なか》で、「おかしいな」「いいのかな」と感《かん》じることがあると思《おも》います。そこから目《め》をそらさず、さらに広《ひろ》くネパールにも世界にも目を向《む》けてみてくださいね。

川原医師《かわはらいし》からのメッセージ

医師である私《わたし》の仕事《しごと》は、病気《びょうき》を治《なお》すことでした。30 年前《ねんまえ》にネパールへ行《い》くまでは、それだけが私の仕事だと思《おも》っていました。しかしネパールのタンセンやその近《ちか》くの村《むら》で人々《ひとびと》と出会《であ》い、その暮《く》らしを知《し》るうちに、彼《かれ》らの健康《けんこう》を守《まも》るにはもっと別《べつ》の働《はたら》きが必要《ひつよう》であることがわかってきました。家族《かぞく》のために死《し》ぬまで働くといって、足《あし》を切《き》る手術《しゅじゅつ》を受《う》けようとしなかったあのお母《かあ》さんも、もし保健《ほけん》ワーカーが近くにいて、1 年前に病気を発見《はっけん》していたらどうだったでしょう。お母さんは死なずにすんだのです。でもそのようなワーカーの数《かず》はネパールにはあまりにも少《すく》なかったのです。

日本《にほん》へ帰《かえ》り、ネパールや他《ほか》のアジアの国《くに》の人たちのために自分《じぶん》はなにができるのだろうか、と考《かんが》えていた 1978 年の秋《あき》、世界《せかい》では新《あたら》しい動《うご》きが始《はじ》まりました。国連《こくれん》の一部門《いちぶもん》である世界保健機関《ほけんきかん》（WHO）は、世界の人口《じんこう》の 80％の人たちにとって病院《びょういん》は手《て》の届《とど》かないところであり、今《いま》までの治療中心《ちりょうちゅうしん》の医療《いりょう》ではなく、予防接種《よぼうせっしゅ》、水《みず》の衛生管理《えいせいかんり》、栄養《えいよう》、保健教育《きょういく》など、病気の予防が最《もっと》も大切《たいせつ》であること、それには村びとの積極的《せっきょくてき》な参加《さんか》がなければならない、と発表《はっぴょう》しました。このプライマリーヘルスケアの考え方《かた》が、私に大《おお》きなヒントとなりました。

「そうだ。人びとの健康を守るのは医療だけではない。その人たちがもっとよい環境《かんきょう》の中《なか》に住《す》み、教育を受《う》け、自分たちの健康を守るために努力《どりょく》することが大切なのだ」とわかってきたのです。この本《ほん》を読《よ》んだみなさんにも、その意味《いみ》がわかると思います。

このような考えで、AHI は始められました。この 30 年間《かん》に研修《けんしゅう》を受けたアジアのワーカーの数は約《やく》6000 名《めい》。彼らはそれぞれの地域《ちいき》に帰って、人々の健康を守るために働きつづけています。AHI は日本の人にアジアの人々と助《たす》け合《あ》って生《い》きることの大切さを知ってもらい、この働きに 1《ひと》人《り》でも多《おお》く参加してもらうために努力しています。

（財）アジア保健研修財団《ざいだん》（AHI）名誉理事《めいよりじ》

◆とびらの絵《え》は、ネパール　ヌワコットのシュリー・バハワニ中学校《ちゅうがっこう》の子《こ》どもたちが描《か》いたものです。

◆参考資料

『アジアと共に――自立のための分かち合い』川原啓美、キリスト教新聞社、1986 年
『ネパール』トニー・ハーゲン、町田靖治訳、白水社、1989 年
『最新世界各国要覧』東京書籍、1998 年
『カラコルム・ヒマラヤ遥かなる峰々５』小野克之、私家版
"Voice of Child Workers" No.10, No.12
「生き物地球気候　高山から低地まで、知られざるヒマラヤの動物たち」（NHK1996 年 4 月 20 日放送）
外務省ホームページ http://www.mofa.go.jp/

◆初出：アジアの子ども No.27　アジア保健研修所（AHI）ニュース No.161（1998 年 10 月 1 日発行、2008 年 3 月 1 日改訂）

2章《しょう》

ぼくたちの手《て》で

―ネパール・ラマチョール村《むら》から―

ぼくは16歳《さい》、名前《なまえ》はビクラム・ドゥベ。
カスキ郡《ぐん》ラマチョール村《むら》に住《す》んでいる。
今《いま》、インドラ・ラジャ・ラクシュミ学校《がっこう》の
10年生《ねんせい》（日本《にほん》の高校《こうこう》１年生）だ。

ぼくは小《ちい》さい子《こ》たちの世話《せわ》をするのが好《す》きで、
よく勉強《べんきょう》を手伝《てつだ》ったり、いっしょに遊《あそ》んであげたりしている。

ネパールでは、
小《しょう》学校１年生から進級試験《しんきゅうしけん》があって、
落第《らくだい》もあるんだよ。
だから勉強は大変《たいへん》。
みんなが進級できるように、
助《たす》け合《あ》わなければね。

ネパールの教育制度《きょういくせいど》

大人《おとな》で字《じ》が読《よ》める人は、男性《だんせい》で63%、女性《じょせい》で35%。小学校出席率《しゅっせきりつ》、男子《だんし》80%、女子67%。義務《ぎむ》教育が修了《しゅうりょう》できるのは61%。5年生と8年生終了時《しゅうりょうじ》に郡《ぐん》が実施《じっし》する試験で合格《ごうかく》できなかった者《もの》が留年《りゅうねん》や退学《たいがく》をしている。

『世界子供白書 2007』より

年齢《ねんれい》	6	7	8	9	10	11	12	13	14	15	16	17	18	19	20	21	22	23	24	25
学年《がくねん》	1	2	3	4	5	6	7	8	9	10	11	12	13	14	15	16	17	18	19	20
	初等《しょとう》教育					前期《ぜんき》			中期《ちゅうき》		後期《こうき》		学士《がくし》			大学院《だいがくいん》				
											教養《きょうよう》									
	義務教育					中等《ちゅうとう》教育							高等《こうとう》教育							

毎年《まいとし》進級試験がある

5、8、10年生には
進路《しんろ》を決《き》める大事《だいじ》な試験がある

『ネパール国別援助研究会報告書－貧困と紛争を越えて－』
2003年5月、国際協力事業団国際協力総合研修所

ネパール・クイズ ① 世界《せかい》には、8000メートル以上の山《やま》が14あります。そのうち、ネパール

ぼくの家族《かぞく》は、祖母《そぼ》、母《はは》、姉《あね》、弟《おとうと》とぼくの５人《にん》で父《ちち》はいない。

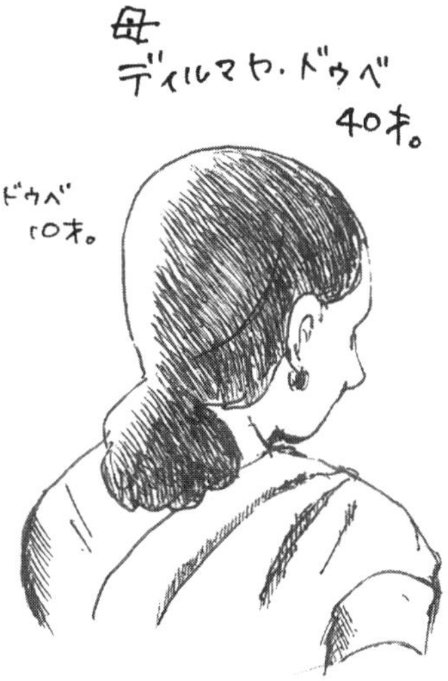

母は毎日《まいにち》休《やす》みなく町《まち》で働《はたら》いている。
けれど、収入《しゅうにゅう》は少《すく》なくて生活《せいかつ》は楽《らく》じゃない。

母を助けたくて、
ぼくは毎日手伝いをしている。

水《みず》を汲《く》みにいき、洗濯《せんたく》、掃除《そうじ》をしてお茶《ちゃ》を入《い》れる。
そして弟の勉強を見《み》てあげてから学校へ行《い》く。
もちろん、自分《じぶん》の宿題《しゅくだい》もちゃんとやっているよ。

それから、棚田《たなだ》の水田《すいでん》を借《か》りてお米《こめ》を作《つく》っているので、
田植《たう》えや稲刈《いねか》りの季節《きせつ》はとてもつらい。
祖母、母とぼくとで全部《ぜんぶ》の作業《さぎょう》をする。

大変だけど、母が喜《よろこ》ぶ顔《かお》を見ると、ぼくはとってもうれしいんだ。

ぼくの住んでいるラマチョール村は、
ネパール第2の都市ポカラのすぐとなり。
雄大な景色を望む大自然に囲まれた土地だけど、
もともと貧しい村なんだ。
山側は農村で田んぼが広がっていて、
ぼくの住む地域は町中だけど活気がない。
半数ぐらいの人は農業をしているが、
ポカラ市内で働いている人も多い。

この村には、以前からいくつもの問題があった。

学校へ行かせてもらえず、
小さなうちから働きに出されたり、
入学はしても、
途中でやめさせられてしまう子がいる。

それなのに大人たちがこのことを真剣に考えていないんだ。

大人たちの中には教育がないばかりに、
町でよい仕事が見つからず、
一日中酒を飲み、ギャンブルを
　　　している人たちもいる。

もっとひどいことに、
酔った父親が、
家族に暴力をふるうことがあたりまえになってしまっている。
それに我慢できず、家出して
　　　　ストリート・チルドレン*になる子さえいるんだ。

＊路頭で暮らす子ども

22　ネパール・クイズ ② 世界で一番高い山は、英語名では「エベレスト」。ではネパール語では？

コピラ・ネパール

2001年《ねん》に設立《せつりつ》されたNGO。すべての子どもたちが学校に行けるように、またカースト、障《しょう》がい、男女《だんじょ》、民族《みんぞく》などの差《さ》別《べつ》をなくしたいと願《ねが》って活動《かつどう》している。特《とく》に子ども会《かい》に対《たい》してはRight-Based《ライトベースド》 Approach《アプローチ》（人権《じんけん》にもとづく開発《かいはつ》）を基本《きほん》に、子どもたち自身《じしん》が自分《じぶん》の権利《けんり》に気《き》づくように働きかけをしている。

学校でも体罰《たいばつ》がひどくて、
先生《せんせい》が生徒《せいと》を殴《なぐ》ることがあり、
家《いえ》でも、学校でも、
子どもたちは暴力に
おびえていなければならなかった。

こんなラマチョール村の子どもたちを、
ぼくは何《なん》とかしたいと思《おも》っていた。

《どんな子だって幸《しあわ》せになる権利《けんり》がある》
この言葉《ことば》に出会《であ》ったとき、ぼくはとても感動《かんどう》した。
父親のいない貧《まず》しい家庭《かてい》に育《そだ》って、
苦《くる》しい毎日《まいにち》を送《おく》っているけれど、
ぼくにも幸せになる権利がある。
そして、この権利は、
苦しんでいる子どもたち
みんなのものだ。

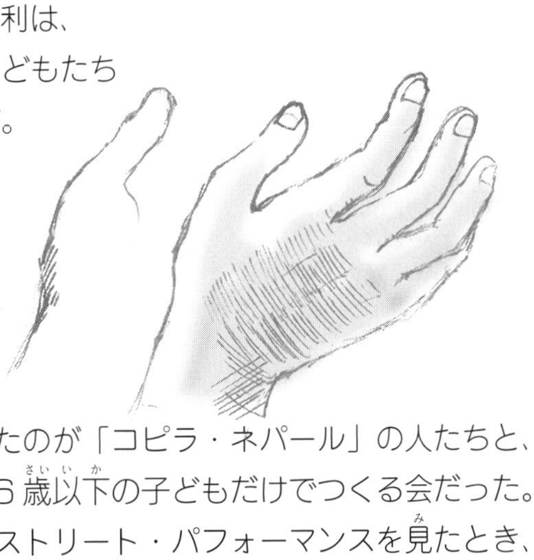

それを教《おし》えてくれたのが「コピラ・ネパール」の人たちと、
「アダルシャ子ども会《かい》」*という、16歳以下《さいいか》の子どもだけでつくる会だった。
コピラの人たちの話《はなし》を聞《き》き、子ども会のストリート・パフォーマンスを見《み》たとき、
ぼくは迷《まよ》わず仲間《なかま》に加《くわ》わった。

*アダルシャはネパール語《ご》で「理想《りそう》」の意味《いみ》

{①アガル・マタ　②サガル・マタ　③マガル・マタ　④チョモランマ}　解答《かいとう》は30ページを見《み》てね！

10年生《ねんせい》になって、今《いま》ぼくは
「アダルシャ子《こ》ども会《かい》」の会長《ちょう》。
子ども会のメンバーは全部《ぜんぶ》で11人《にん》。
学校《がっこう》に行《い》っている子どもがほとんど
だけど、
中《なか》にはレストランで皿洗《さらあら》いなどをして
働《はたら》いている子どももいる。
この子たちも頼《たよ》りになる仲間《なかま》だ。

ぼくたちが大切《たいせつ》にしていることは、
まず、子ども自身《じしん》が《幸《しあわ》せになる権利《けんり》がある》と
気《き》づくこと。

そして子ども会の仲間が持《も》つ悩《なや》みを出《だ》し合《あ》い、
地域《ちいき》の子どもたちの苦《くる》しみを聞《き》き、
ぼくたちが話《はな》し合ったことを
みんなに訴《うった》えていく。

ネパール・クイズ ③ ネパールと接《せっ》している国《くに》は次《つぎ》のうちのどれ？ ｛①インド・中国《ちゅうごく》 ②イン
解答《かいとう》は30ページを見《み》てね！

その方法《ほうほう》のひとつに
ストリート・パフォーマンスがある。

シナリオ作《づく》りも、役決《やくぎ》めも、演出《えんしゅつ》も、
小道具《こどうぐ》作りも全部自分《じぶん》たちでする。

テーマはいろいろだ。
「女《おんな》の子にも教育《きょういく》を」
「親《おや》の虐待《ぎゃくたい》がストリート・チルドレンを生《う》む」
「麻薬《まやく》、酒《さけ》、タバコの害《がい》や恐《おそ》ろしさ」
「障《しょう》がいを持つ子どもへの差別《さべつ》をなくそう」など。

ド・中国・ブータン　③インド・中国・ブータン・パキスタン　④インド・中国・ブータン・ミャンマー｝

パフォーマンスだけでなく、
直接訴《ちょくせつうった》えにも行《い》く。

学校《がっこう》に通《かよ》っていない子《こ》どもやその親《おや》には
教育《きょういく》の大切《たいせつ》さを。

先生《せんせい》たちへは、絶対《ぜったい》に暴力《ぼうりょく》をふるわないこと、
ひどい言葉《ことば》で生徒《せいと》を叱《しか》らないことを。

村《むら》の代表《だいひょう》の人《ひと》たちへは、
学校の水道《すいどう》、トイレ、
運動場《うんどうじょう》の整備《せいび》を。

こうしてぼくたちの「アダルシャ子ども会《かい》」は、
ラマチョール村を少《すこ》しずつ変《か》えてきた。

ぼくがとってもうれしく思《おも》うことは、
大人《おとな》たちが子どもの声《こえ》を尊重《そんちょう》してくれるように
なったことだ。
たとえば、最近《さいきん》でも４人《にん》の子どもが学校に通えるようになった。

 ネパール・クイズ ④ ネパールの男性《だんせい》が正装《せいそう》するときにかぶる帽子《ぼうし》の名前《なまえ》は？ ｛ ① パピー

ぼくの毎日《まいにち》はとても忙《いそが》しい。
でも、子ども会の集《あつ》まりにも行事《ぎょうじ》にも必《かなら》ず参加《さんか》している。
朝早《あさはや》くても、夜《よる》でも、週末《しゅうまつ》でも時間《じかん》を見《み》つけて出《で》かけて行く。

子ども会の活動《かつどう》を通《とお》して、いろいろな人の辛《つら》い場面《ばめん》を見てきた。
ぼくの母《はは》も本当《ほんとう》に辛い経験《けいけん》をしている。
大人でも子どもでも弱《よわ》い立場《たちば》におかれた人のことが、
ぼくにはよく分《わ》かる。

だから、ぼくは将来弁護士《しょうらいべんごし》になりたい。
そういう人たちの
《幸《しあわ》せになる権利《けんり》》を守《まも》るために。

②ポピー　③コピー　④トピー　｝　解答《かいとう》は 30 ページを見てね！

アンナプルナ山脈
アンナプルナ サウ
7219m
ネパール
NEPAL

面積《めんせき》	約《やく》14.7万《まん》㎢（日本《にほん》の約3分《ぶん》の1）
人口《じんこう》	2881万人《にん》（『世界子供白書特別版2010』より）
首都《しゅと》	カトマンドゥ
民族《みんぞく》	リンブー、ライ、タマン、ネワール、グルン、マガル、タカリー、グルカなど
言語《げんご》	ネパール語
宗教《しゅうきょう》	ヒンドゥー教86%、仏教《ぶっきょう》8%、少数《しょうすう》のイスラム教やキリスト教
政治体制《せいじたいせい》	連邦民主共和制《れんぽうみんしゅきょうわせい》（2010年《ねん》7月現在《がつげんざい》）※2008年の制憲議会選挙後《せいけんぎかいせんきょご》、王制《おうせい》が廃止《はいし》され立憲君主制《りっけんくんしゅせい》から連邦民主共和制に移行《いこう》

生《い》き女神《めがみ》
クマリ

おしゃかさま

ネパール民主化《みんしゅか》へのあゆみ

①第《だい》1の民主化（1960～1990年）

1960年、マヘンドラ国王が政権を握《にぎ》って以来、国王独裁の時代が30年続いた。
1990年、国民の民主化要求が高まり、ビレンドラ国王は政権を国民にゆだねると宣言した。
「立憲君主制」へ
民主化
よしっ
若者たちが民主主義・地方自治を学び、今のネパール社会の基礎《きそ》ができあがった。
政党の対立、汚職《おしょく》や金権政治が行われ、国民の政治不信が高まっていった。

③王宮殺人事件《おうきゅうさつじんじけん》（2001年6月《がつ》～）

そんなとき....
突然《とつぜん》王宮内で
大事件が発生した。
皇太子が王族を皆殺しにして、自《みずか》らも自殺したと伝えられる事件が起こった。
ただ一人王宮にいなかった故国王の弟、ギャネンドラが国王となった。
国王は2002年に直接統治を開始。国民の政治不信はますます強くなっていった。
議会

 ネパール・クイズ ⑤ ネパールのヒンドゥー教徒《きょうと》の人《ひと》たちが額《ひたい》につけるしるし、何《なん》という名前《なまえ》？

通貨《つうか》　ネパール・ルピー（通貨単位《たんい》はRs.）　1ルピー＝約1.2円《えん》（2010年7月現在）
気候《きこう》　10～5月乾季《かんき》　6～9月雨季《うき》
ヒマラヤ山脈部《さんみゃくぶ》：寒帯《かんたい》気候
丘陵部《きゅうりょう》：モンスーン気候
インド国境《こっきょう》タライ平原《へいげん》部：亜熱帯《あねったい》気候
国花《こっか》　ラリグラス（赤《あか》いしゃくなげ）
（外務省ホームページより）

ラリグラス

②マオイスト武装闘争《ぶそうとうそう》（1990年～）

④第2の民主化（2006年～）

{①ティカ　②ピカ　③ドゥカ　④パカ}　解答《かいとう》は30ページを見《み》てね！

ビーナさんからのメッセージ

ネパールには、ビクラム・ドゥベのように、苦《くる》しい生活環境《せいかつかんきょう》に負《ま》けないで勉強《べんきょう》に励《はげ》んでいる子《こ》どもたちがたくさんいます。ネパールには社会的身分《しゃかいてきみぶん》や貧富《ひんぷ》の差《さ》、カースト制度《せいど》や男女差別《だんじょさべつ》などのように、多《おお》くの差別がまだまだあります。ビクラムのような子どもたちは、学校《がっこう》の勉強に加《くわ》えて、このような差別を少《すこ》しでもなくしていこうと積極《せっきょく》的に活動《かつどう》しています。

日本《にほん》のみなさん、恵《めぐ》まれた環境を大《おお》いに生《い》かして、自分《じぶん》の未来《みらい》をより明《あか》るいものにしていってください。その上《うえ》で、日本の、世界中《せかいじゅう》の、本当《ほんとう》にみなさんの助《たす》けを待《ま》っている子どもたちに貢献《こうけん》する何《なに》かを始《はじ》めてください。

自《みずか》らの社会を発展《はってん》させるために必死《ひっし》にがんばっている子どもたちと手《て》を携《たずさ》えていって欲《ほ》しいと願《ねが》います。そして皆さん自身《じしん》が、自分の価値《かち》に気《き》づき、社会の中《なか》でどれほど大切《たいせつ》な存在《そんざい》であるかを知《し》っていただきたいと思《おも》います。

ネパールは、みなさんにそれについて考《かんが》える機会《きかい》を与《あた》える国《くに》であると信《しん》じます。

ビーナ・クマリ・シルワル
2004年国際研修参加者《こくさいけんしゅうさんかしゃ》　コピラ・ネパール職員《しょくいん》

ネパール・クイズの解答《かいとう》

1. ③　8　2. ②サガル・マタ「世界の頭《あたま》」という意味《いみ》
3. ①インド・中国《ちゅうごく》　4. ④トピー　5. ①ティカ

◆参考資料
『カトマンズ発――失われた風景を求めて』写真・文＝中村保、小学館、1985年
『週刊朝日百科 84　世界の地理　南アジア・オセアニア バングラデシュ ネパール ブータン』朝日新聞社、1985年
『花』学習研究社、1994年
『アジアの子どもたち　ネパール――おどりのだいすきな少女たち』写真・文＝平早勉、草土文化、1997年
『暮らしがわかるアジア読本　ネパール』石井溥編、河出書房新社、1997年
『地球の歩き方　ネパール '97～'98年版』「地球の歩き方」編集室、ダイヤモンド・ビッグ社、1997年
『NHKスペシャルアジア古都物語　カトマンズ　女神への祈り』NHK「アジア古都物語」プロジェクト編、日本放送出版協会、2002年
『ネパール王国――人々の暮らしから』写真・文＝林喜一、幹書房、2003年
『世界子供白書 2007』ユニセフ
ウィキペディアホームページ　ネパールの宗教　http://ja.wikipedia.org/wiki
外務省ホームページ　http://www.mofa.go.jp/

◆初出：アジアの子ども No.44　アジア保健研修所（AHI）ニュース No.247（2007年6月1日発行）

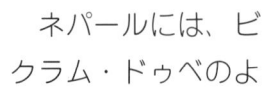

3章《しょう》

学校《がっこう》へ行《い》けたらいいのだけど…

―南《みなみ》インドの小《ちい》さな村《むら》から―

スマティはほんとうなら今《いま》5年生《ねんせい》。でも、もうずいぶん前《まえ》から学校《がっこう》へは行《い》っていません。水《みず》くみ、たきぎひろい、豆《まめ》の皮《かわ》むき……。あっというまに一日《いちにち》はおわってしまいます。近《ちか》くの友《とも》だちと遊《あそ》べた日《ひ》は、心《こころ》がはずみます。

インドはとても広《ひろ》い国《くに》です。
人口《じんこう》は日本《にほん》の**7**ばい
広さは**9**ばいもあります。

国境《こっきょう》のはっきりしないところ

ラクダのけいびたい大活《だいかつ》やく。ラクダの飼育《しいく》100万頭《まんとう》。

首都
ニューデリー

パキスタン

大インド砂ばく
（タール砂ばく）

アグラ

タージ・マハル

ムガール帝国《ていこく》の皇帝《こうてい》が亡《な》き妻《つま》のために、20年《ねん》かけてつくらせた墓《はか》。

インダス川

ベンガルトラ（インドトラ）

世界《せかい》のトラの中《なか》で最《もっと》も多《おお》い種類《しゅるい》のトラだが、今《いま》では、インドと近《ちか》くの国《くに》に4000頭ほどしかいない。100年前《まえ》には世《せ》界中《かいじゅう》で10万頭いたトラが、今では世界中のトラをあわせても7000頭しかいない。

インドゾウ

重《おも》いにもつを運《はこ》ぶのに今も役《やく》立《だ》っている。

ムンバイ
（ボンベイ）

古《ふる》くは古代《こだい》インドの女神《めがみ》ムンバイの名《な》で呼《よ》ばれていた。1534年、ポルトガルがボン・バイアと名づけて地《ち》方国王《ほうこくおう》から買《か》いとり、ポルトガル王女《じょ》がイギリス国王との結婚《けっこん》の持参金《じさんきん》としてイギリス国王に贈《おく》った。国王は、それを10ポンドで東《ひがし》インド会《がい》社《しゃ》に売《う》り渡《わた》したといういきさつがある。最近地元《さいきんじもと》の人々《ひとびと》の願《ねが》いがかなって、ムンバイとかわった。

スマティの住《す》む
パチグンタ村《むら》はここ

チェンナイ
（マドラス）

最近、タミル語《ご》の呼《よ》び方《かた》「チェンナイ」にかわった。

インドの歴史《れきし》

インドには紀元前《きげんぜん》に何度《なんど》もさまざまな地方《ちほう》からの民族移動《みんぞくいどう》があり、それぞれのことばや文化《ぶんか》が今も色《いろ》こく残《のこ》っている。中でも紀元前3500年ごろに来《き》たドラヴィダ人《じん》は、インダス川近《がわちか》くに発達《はったつ》した都市《とし》を築《きず》いた（インダス文明《ぶんめい》と呼《よ》ばれる）が、紀元前1500年ごろにきたアーリア人に追われ、インド南部《なんぶ》に移《うつ》った。アーリア人は、自《じ》分《ぶん》たちを先住民《せんじゅうみん》よりも高貴《こうき》（アーリア）であるとして、区別《くべつ》するためになによりも血統《けっとう》を重《おも》んじたため、その後《ご》、身分《みぶん》をきびしく定《さだ》めるカースト制度《せいど》のもとをつくった。

このあと大小多数《だいしょうたすう》の王国《おうこく》ができては消《き》えたが、最大《さいだい》のものはムガール帝国《ていこく》。1600年に東インド会社をつくったイギリスはポルトガル、フランスなどをおさえ、1858年インドの大部分《だいぶぶん》を、地方王国や大地主《おおじぬし》を通《つう》じて支配《しはい》した。各《かく》王国によってことばも国の治《おさ》め方もちがっていた。

1947年、イギリスから独立《どくりつ》して初《はじ》めてインドは1《ひと》つの国《くに》となった。このとき500あまりあった地方王国は、王国としての力《ちから》は失《うしな》ったが、ぼう大な土地《とち》と財産《ざいさん》は手放《てばな》さなかったり、他《ほか》の地主や実業《じつぎょう》家《か》に渡《わた》すなどした。その結果《けっか》その後も農民《のうみん》の多《おお》くは土地を持《も》てず、地主の土地にしばられている。

1990年以降《いこう》、国の経済《けいざい》は大《おお》きく発展《はってん》したが、3億《おく》5000万人《まんにん》ともいわれる貧困層《ひんこんそう》の生活《せいかつ》は少《すこ》しもよくなっていない。（国連《こくれん》の定義《ていぎ》では、貧困層とは1人《ひとり》1日《にち》2000キロカロリーの食《た》べ物《もの》を手《て》に入《い》れる収入《しゅうにゅう》がない人々をさす。）

	インド	日本
およその面積《めんせき》	330万《まん》㎢	38万㎢
およその人口《じんこう》	11億《おく》8141万人	1億2729万人

人口は『世界子供白書特別版2010』による

インドのことば	憲法《けんぽう》で定《さだ》められている国のことばは、ヒンディー語、英語《えいご》と、州《しゅう》で定めることばが16ある。しかし、国内《こくない》で使《つか》われていることばは1000以上《いじょう》ある。

スマティが住《す》んでいるのは、とてもとても小《ちい》さな村《むら》です。

カースト制度《せいど》

今《いま》から3500年《ねん》もむかし、西《にし》の方《ほう》からせめてきたアーリア人《じん》は色白《いろじろ》で背《せ》が高《たか》かった。もとからインドに住《す》んでいたドラヴィダ人は小《こ》がらで色が黒《くろ》かった。アーリア人は征服者《せいふくしゃ》としての自分《じぶん》の優位《ゆうい》と「白《しろ》」の血《ち》すじを守《まも》るために、白、赤《あか》、黄《き》、黒の４つの階層《かいそう》をつくった。さらにこれに「口《くち》からできた人間《にんげん》（神《かみ》に仕《つか》える人《ひと》）、腕《うで》からできた人間（王侯《おうこう》、戦士《せんし》）、太《ふと》ももからできた人間（農牧《のうぼく》、商人《しょうにん》）、足《あし》からできた人間（奴《ど》隷《れい》）」というランクをつけ、人間はもともと生《う》まれによって上下《じょうげ》があるとした。階層の中《なか》での細《こま》かいきまりを破《やぶ》った者《もの》や戦《たたか》いに敗《やぶ》れた者を「けがれた者」というさらに下《した》の最下《さいか》層に、け落《お》とした。その後《ご》、社会《しゃかい》の仕組《しく》みが複雑《ふくざつ》になるにつれてそれぞれの階層の中《なか》にさらに職業《しょくぎょう》による上下のグループ分《わ》けがすすんだ。これをカーストという。16世紀《せいき》ごろポルトガル人が、このきびしい階層差別《さべつ》に驚《おどろ》き、ポルトガル語《ご》のカスタ（血すじ、家《いえ》がら）という言葉《ことば》を使《つか》ったのが始《はじ》まりといわれる。

現在《げんざい》も、3000近《ちか》いカーストがある。自分《じぶん》のカーストは一《いっ》生《しょう》変《か》えられず、そのカーストの職業にしかつけず、同《おな》じカーストの中でしか、結婚《けっこん》も、共《とも》に食事《しょくじ》をすることもゆるされない。20世紀《せいき》になってからも、最下層民《みん》は他《ほか》の人《ひと》にふれるから寺院《じいん》へは行《い》かず自分の家《いえ》で拝《おが》むようにという法律《ほうりつ》さえ生《い》きて

カーストの高いひとびとの家や
学校・警察・役場などはみんな
こちらがわ
地主の畑や屋敷ではたらいている。仕事は毎日です。
おとうさん
スブラマニ
にいさん
ムラリ18才
おかあさん
ダナム
ねえさん チェラム28才
ねえさん
ラディカ16才
スマティ11才
妹
バララクシミ
10才
スマティの
家の中
台所
土間
ここで寝る
穀るい、スパイス、ほし魚
などをいれて
おく
水
もみがらを取ったり豆や
スパイスをたたく石
暑さをふせぐ
ため窓を
つくらない

いた。イギリスもこの制度を利用《りよう》して長《なが》い間《あいだ》インドを治《おさ》めた。

イギリスからの独立運動《どくりつうんどう》の父《ちち》として知《し》られるマハトマ・ガンディーは、最下層の人々《ひとびと》をハリジャン（神の子《こ》）と呼《よ》び、差別しないよう呼びかけたが、カースト制度そのものをなくそうとはしなかった。

これに対《たい》して最下層出身《しゅっしん》のアンベードガル（独立当時《とうじ》の法《ほう》務大臣《むだいじん》）は、新憲法《しんけんぽう》に「人間の平等《びょうどう》」をもりこむことに力《ちから》をつくし、シャカの教《おし》えは人間みな平等だとして、30万人《まんにん》とともに仏教《ぶっきょう》に改宗《かいしゅう》して平等を訴《うった》えつづけた。1950年の新憲法で、カーストによる差別は禁止《きんし》されたが、今なお人々の中に（とくに農村《のうそん》では）根強《ねづよ》く残《のこ》っている。

今、カーストの低《ひく》い人への就学《しゅうがく》、就職《しゅうしょく》、議員《ぎいん》などに道《みち》を開《ひら》くための優先《ゆうせん》わくがつくられているが、その数《かず》をめぐって上《うえ》のカーストからの反発《はんぱつ》も大《おお》きい。

また、最下層の人々の間から「ハリジャンと呼ばれて救《すく》ってもらうのではなく、自《みずか》らダリット（しいたげられたもの、くだかれたもの）と呼び、同じ人間として誇《ほこ》りをもって立《た》ち上《あ》がろう」という動《うご》きが起《お》こっている。

最下層出身のナラヤナン大統領《だいとうりょう》にも熱《あつ》い期待《きたい》がよせられている（※1997年6月《がつ》～2002年6月まで在任《ざいにん》）。

スマティがよちよち歩《ある》きをはじめたころのことです。
スマティは長《なが》い間《あいだ》おなかをこわし
むずかって泣《な》いてばかりいました。

顔も足も
はれて
かみの毛まで
茶色くなって
います
なんとか
してやって
ください
死んで
しまいます!!

でも病院《びょういん》に行《い》く
お金《かね》もなく、
スマティのための
食《た》べ物《もの》を買《か》うお金も
ありません。
そこへ保健《ほけん》ワーカー※1の人《ひと》が
やってきて、近《ちか》くにある
もので、おなかによいものの
作《つく》り方《かた》を教《おし》えてくれました。

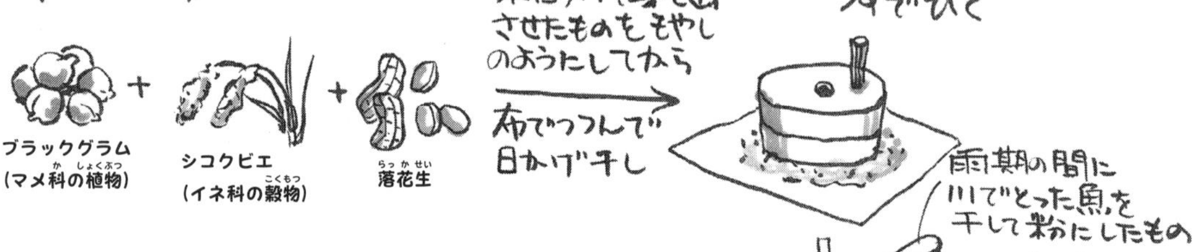
ブラックグラム
(マメ科《か》の植物《しょくぶつ》)
シコクビエ
(イネ科の穀物《こくもつ》)
落花生《らっかせい》
水につけて芽を出させたものをもやしのようたしてから
布でつつんで日かげ干し
うすでひく
雨期の間に川でとった魚を干して粉にしたもの

さとう
これだけは
買ってくる
栄養ダンゴの
できあがり

このおだんごのおかげで
スマティは元気《げんき》になりました。
(質《しつ》のよいたんぱく質が体《からだ》を回復《かいふく》させたのです)

インドの乳児死亡率《にゅうじしぼうりつ》(1歳《さい》までに死亡する1000人中《にんちゅう》の子どもの数《かず》)

	農村《のうそん》	都市《とし》
1986年	115	62
1996年	120	48

農村で増《ふ》えている!

"LINK"'96年統計による

※1　保健ワーカー:ボランティアで人々《ひとびと》の健康指導《けんこうしどう》をする人。離乳食《りにゅうしょく》の指導も大切《たいせつ》な仕事《しごと》の一《ひと》つ。

スマティが６歳《さい》になり、学校《がっこう》へ行くようになってしばらくしたころ、ひふ病《びょう》になりました。かゆみがひどく、何度《なんど》もかくので皮《かわ》がむけてしるが出《で》てきます。おかあさんは、長い間かかってやっとお金を用意《ようい》し、スマティを遠《とお》くの病院につれて行きました。

病院の先生《せんせい》は
大《おお》きな声《こえ》で
言《い》いました。

きたなくしておくから
こんなことになるんだ！
毎日からだをきれいに洗い
なさい
注射をうっておこう。
なんでこんなに
なるまでほって
おくんだ！

スマティの
おかあさんは
だまって下《した》を
むいていました。

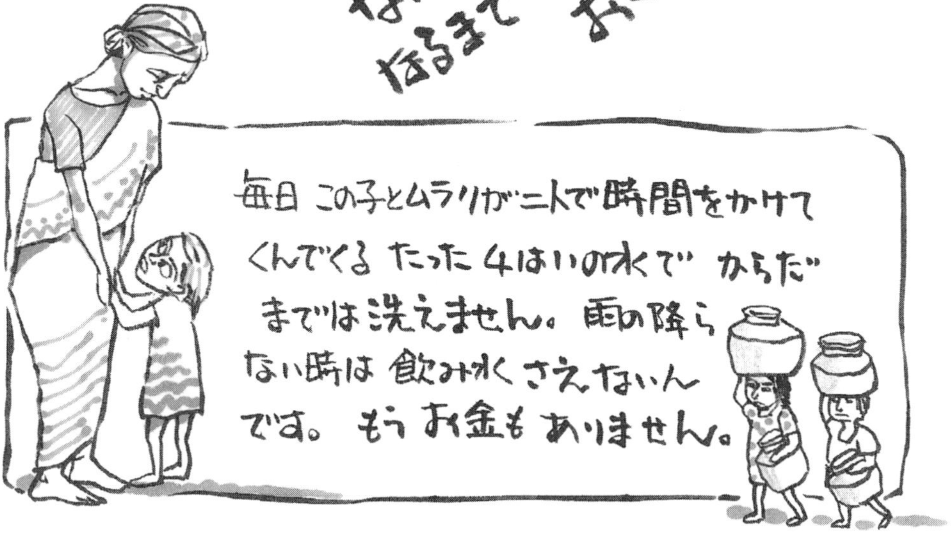
毎日この子とムラリが二人で時間をかけて
くんでくるたった４はいの水でからだ
までは洗えません。雨の降ら
ない時は飲み水さえないん
です。もうお金もありません。

ようすを聞《き》きつけた保健ワーカーの人が、ニーム※2の葉《は》と、ねったターメリック※3でこん気《き》よくなおしてくれました。
なおったのなら、また学校へ来《き》なさいと
学校の先生は言いましたが……

センダン
ウコン

※２　ニーム：インドせんだん。インドにはどこにでもある高木《こうぼく》。葉、木《き》の皮、実《み》、種《たね》、みんな薬《くすり》として使《つか》える。細《ほそ》い枝《えだ》を 20cm ほどに切《き》ったものを、片側《かたがわ》をかんでほぐし、「薬草歯《やくそうは》ブラシ」としても使《つか》う。

※３　ターメリック：日本《にほん》では「うこん」という。根《ね》をかわかして粉《こな》にしたもの。殺菌作用《さっきんさよう》がある。カレー粉の黄色《きいろ》い色やかおりを出《だ》すのにも使う。

スマティは３日《か》たっても４日たっても、学校《がっこう》には行《い》きませんでした。なぜって、学校は遠《とお》いし、やっと着《つ》いても楽《たの》しいところではないからです。

2年前、となり村で……
ある日マッドは学校の前であそんでいた。
①
とつぜんうしろから…
大地主のだんな
②
なんでいきなりけるんですか
※4
コブラーの犬め!!
歌なんかうたってなまいきな！
③
その日母親は地主の家へ…
コブラーのくせしていいどきょうだな
④
ピシャ！
⑤

「あの子《こ》たちとは
　遊《あそ》ぶんじゃないよ」
というおかあさんもいます。

学校においてある
水《みず》がめの水をのんでも
「おまえたちはのむな！」
とどなられます。

スカートをさわっても
「きたない、
　さわるな！」
といわれます。

だから
スマティは
風《かぜ》がふくと
かみの毛《け》や着《き》ているものが
横《よこ》に広《ひろ》がらないように
ギュッとおさえて
小《ちい》さくなっていました。

※４　コブラー：ヘビ使《つか》い、皮《かわ》なめしなどの仕事《しごと》をする。
ダリットの中《なか》でも一番下《いちばんした》のカーストとされる人々《ひとびと》。

くやしくてくやしくて母親は 村のみんなやほかの村の人にも、また女性の会、保健ワーカーの会にも このことを知らせた。大集会が開かれ地主をひっぱってきた。
あやまれ!
あやまれだと?!
ふん!! ばかばかしい
しかしついに……
ちゃんと手をにぎってあやまれ!!
しかし それから二年の間地主はコブラーたちに仕事をくれなかった。その間、となり村の人たちが少しずつ仕事をわけて助けてくれた。やっと もとの生活にもどった。
しょう学金をもらって大学へ行き、たい。技術を身につけたい。そうしたらもう「コブラーの犬」なんて 言われないよね
マッド

からだの弱《よわ》いおかあさんは、女《おんな》の子のスマティがいてくれると、とても助《たす》かるので、つい、たよりにしてしまいます。それっきりスマティは学校には行っていません。[※5]

※5　農村《のうそん》では女子《じょし》の70%が5年生《ねんせい》までに学校をやめてしまう。全体《ぜんたい》でも50%がやめ、中《ちゅう》学校を卒業《そつぎょう》するのは10%、そのうち4%が専門《せんもん》学校や大学《だいがく》にすすむ。

でも、ほんとうはスマティも「学校《がっこう》へ行《い》けたらいいな」と思《おも》うことがあります。学校で見《み》かけたすてきなおねえさんのように、むずかしい本《ほん》が読《よ》めたらいいなと思うのです。

そう考《かんが》えるのはスマティだけではありません。
村《むら》の大人《おとな》たちも、このごろはよくみんなで集《あつ》まって話《はな》し合《あ》っています。

この村にも学校をつくろう！
子どもに
こんなみじめな思い
はさせたく
ないよ
そうだ
やっぱり字が
読めて世の中のことが
わかるように
ならにゃ村は
変えられんよ
うちのとうちゃんが
お酒さえ
やめてくれ
たらね！
そうさ
男ばっかりが
酒飲んで
ぼう力ふるって
いいわけないん
だよ
ナラヤナン大統領や
アンベードカルさんだって
おれたちのよう
なところ
で勉強
したんだ

村人《むらびと》の願《ねが》いはさまざまです。

水のひける 自分の土地が あって そこでとれたものは 自分で 自由に 売ったり 食べたり したいね
みんなの家に水道がくるのが 夢さね
どこの家に 生まれたって人間のねうちに かわりはないはずだ。 ねうちは生まれてから自分で 作っていくもんだよな
セラパさんとけっこん できるといいナ… でも カーストが ちがうし…
だれとあそんでも いいんだ
※6
(テルグ語で)
マナム アンタ スニヒトゥル ぼくらはみんなともだちだ

スマティが大人になったときには、そんな村になっているでしょうか。

※6　テルグ語《ご》：インド・アンドラプラデーシュ州《しゅう》を中心《ちゅうしん》に使《つか》われていることば。

ハリさんからのメッセージ

大学《だいがく》で医学《いがく》を学《まな》んだあとすぐにダリットたちの住《す》む貧《まず》しい村《むら》で医療活動《いりょうかつどう》を始《はじ》めました。はじめ、私《わたし》は、大学で学んだことが何《なん》でもすぐそのまま役《やく》に立《た》つものだと思《おも》いこんではりきっていました。でもしばらくするうちに、本当《ほんとう》に医者《いしゃ》を必要《ひつよう》とする貧しい人々《ひとびと》はお金《かね》がないから病院《びょういん》に来《こ》ないこと、その人たちは古《ふる》くから伝《つた》わる薬草《やくそう》の使《つか》い方《かた》や、理《り》にかなったお産《さん》のしかたなどにくわしいことがわかってきました。

ここから、“私はここの人々に学び、人々は私から学ぶ”という新《あたら》しい人間関係《にんげんかんけい》が生《う》まれたのです。この学び合《あ》いの中《なか》でさらにもう一《ひと》つのとてつもなく大《おお》きな問題《もんだい》、つまり貧困《ひんこん》と、その原因《げんいん》となっている、人間を生まれた階層《かいそう》で分《わ》ける差別《さべつ》に立《た》ち向《む》かわざるをえなくなったのです。

今《いま》でも村の中心部《ちゅうしんぶ》は高《たか》い階層の人の住むところ、外側《そとがわ》はダリットの住むところ、と分《わ》けられています。茶店《さてん》ではダリット専用《せんよう》のコップやココナツのからなどが置《お》いてあり、使ったあとは自分《じぶん》で洗《あら》って別《べつ》のたなに置いておくのです。

ダリットであるというだけで驚《おどろ》くほど安《やす》い賃金《ちんぎん》で働《はたら》かねばならず、そのために法外《ほうがい》な金利《きんり》で借金《しゃっきん》をし、がんじがらめになってゆく人々。この人々が誇《ほこ》りを持《も》って健康《けんこう》に暮《く》らせるよう、ここでずっと働こうと決《き》めました。

そのためにはまず、人々が今持っている知識《ちしき》や技術《ぎじゅつ》に自信《じしん》を持ち、それをもとにさらに学び、社会《しゃかい》のしくみや人々を抑《おさ》えつけている力《ちから》について知《し》ることが必要だと思いました。それが国《くに》の資源《しげん》を平等《びょうどう》に使い、正当《せいとう》な賃金を受《う》けとるための大きな力になるのです。

同《おな》じ地球《ちきゅう》に生まれた人間として、人々は誇りを持って自分の可能性《かのうせい》をいっぱいに花咲《はなさ》かせるべきなのです。

1968年《ねん》、夫《おっと》の医師《いし》プレム・ジョンさんとともにダリットの村ディナバンドゥに移《うつ》り住み診療《しんりょう》活動を始めたが、医療活動のみでは人々の生命《せいめい》を守《まも》れないことに思いいたり、1973年から村の保健《ほけん》ワーカーの育成《いくせい》を通《つう》じて人々の健康を守る活動に専念《せんねん》。1982年以降《いこう》はAHIと協力《きょうりょく》して南《みなみ》アジアのNGOワーカーの研修《けんしゅう》活動にあたり、これまでに320名《めい》あまりのワーカーを育《そだ》ててきた。

◆とびらのスマティの顔《かお》のふち飾《かざ》りは、スマティの描《か》いた図柄《ずがら》です。

◆参考資料

『河童が覗いたインド』妹尾河童、新潮社、1985年

『世界大百科事典』平凡社、1985年

『南アジアを知る事典』平凡社、1992年

『夜明けへの道』岡本文良、金の星社、1994年

『不可触民とカースト制度の歴史』小谷汪之、明石書店、1996年

『“LINK” ACHAN』アジア地域保健活動家連絡網、1996年

『National Geographic』Vol.3・Vol.5、日経ナショナルジオグラフィック社、1997年

◆初出：アジアの子どもNo.26　アジア保健研修所（AHI）ニュースNo.155（1998年4月1日発行）

4章《しょう》

シャンティ《平和》！みんなでつくろう

—スリランカ・ケゴール県《けん》から—

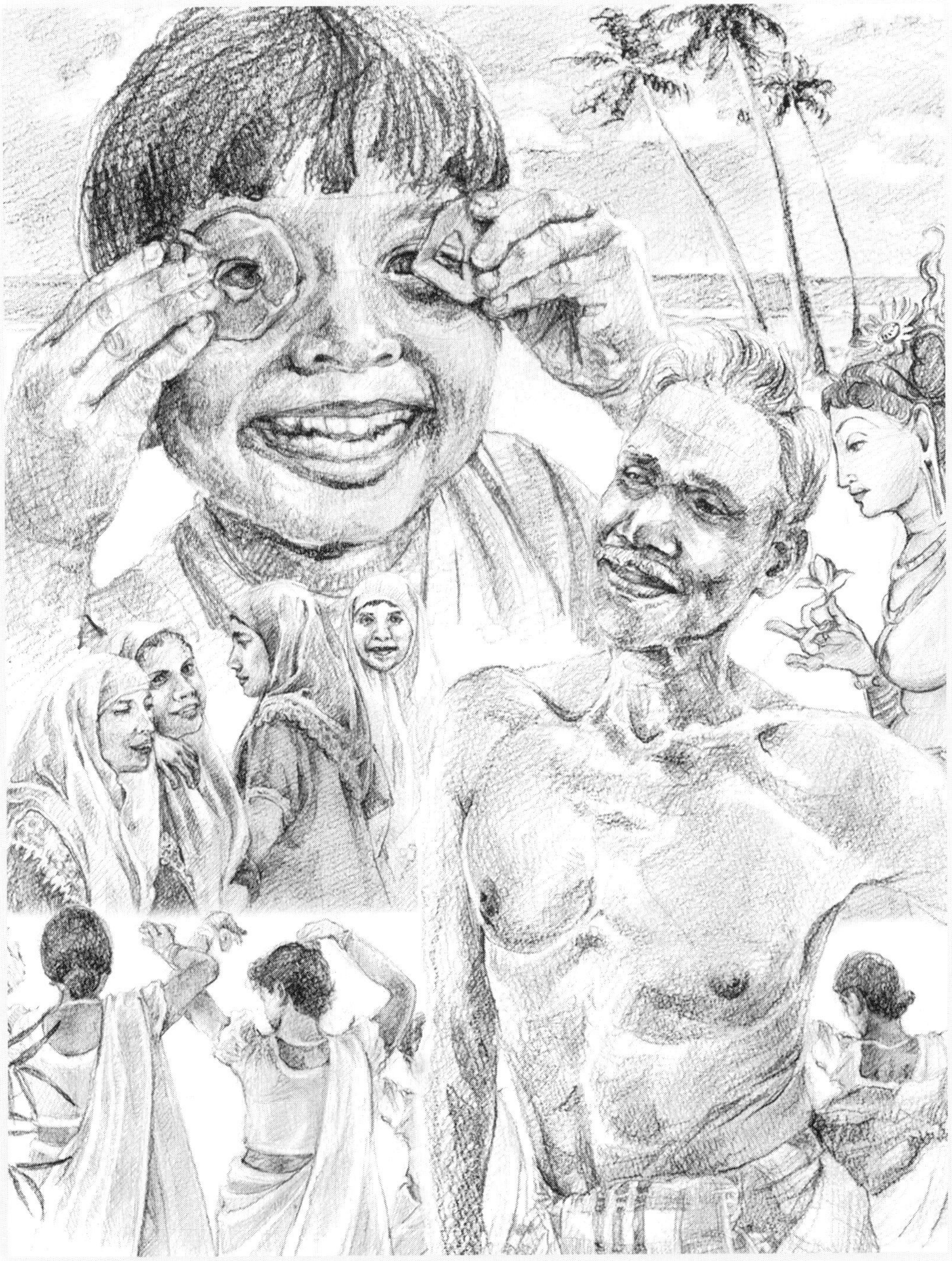

スリランカ
SRI LANKA

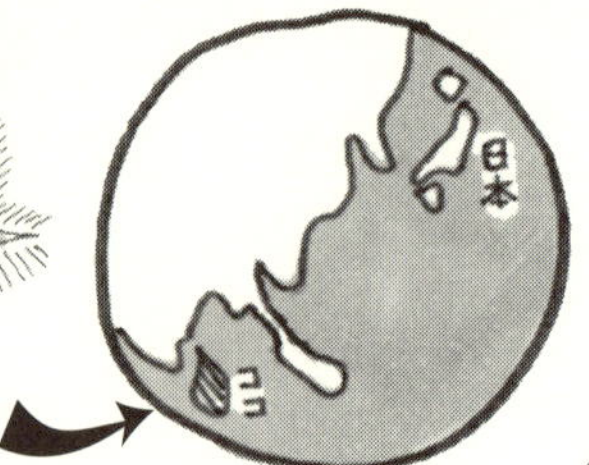
日本

ここスリランカは、インド洋《よう》に浮《う》かぶ小《ちい》さな島国《しまぐに》。島の形《かたち》から、「インドの涙《なみだ》」と呼《よ》ぶ人《ひと》たちもあるけれど、スリランカは「光り《ひかり》輝《かがや》く島」という意味《いみ》だ。スリランカには、いろいろな民族《みんぞく》の人《ひと》たちがいる。宗教《しゅうきょう》もそれぞれ、人々《ひとびと》の生《い》き方《かた》もさまざまだ。

☆キャンディアン・ダンス

スリランカ民主《みんしゅ》社会《しゃかい》主義《しゅぎ》共和国《きょうわこく》
面《めん》積《せき》：6万《まん》5607㎢（北海道《ほっかいどう》の約《やく》0.8倍《ばい》）
人《じん》口《こう》：約2006万人《にん》（一部地域《いちぶちいき》を除《のぞ》く）
首《しゅ》都《と》：スリ・ジャヤワルダナプラ・コッテ
公用語《こうようご》：シンハラ語《ご》、タミル語、英語《えいご》
通《つう》貨《か》：ルピー（1ルピー0.78円《えん》）
（『世界子供白書特別版2010』より）

4世紀にもたらされた仏歯を象にのせて、街中をパレードする
☆ペラヘラ祭
10夜もつづく

悪魔よけの仮面
土産として有名

スリランカの教育制度

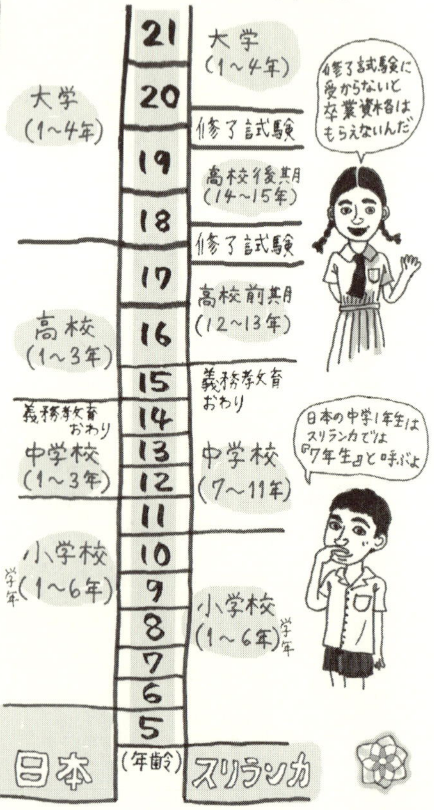
21
20
19
18
17
16
15
14
13
12
11
10
9
8
7
6
5
（年齢）
日本
大学（1～4年）
高校（1～3年）
義務教育おわり
中学校（1～3年）
小学校（1～6年）学年
スリランカ
大学（1～4年）
修了試験
高校後期（14～15年）
修了試験
高校前期（12～13年）
義務教育おわり
中学校（7～11年）
小学校（1～6年）学年
修了試験に受からないと卒業資格はもらえないんだ
日本の中学1年生はスリランカでは『7年生』と呼ぶよ

女の人の民族衣装（サリー）
インディアン・サリー
シンハラ・タミル・ムスリム
いろんな人が着る
ムスリム用サリー
キャンディアン・サリー
キャンディ出身 実家がキャンディ
シンハラ人のみが着る

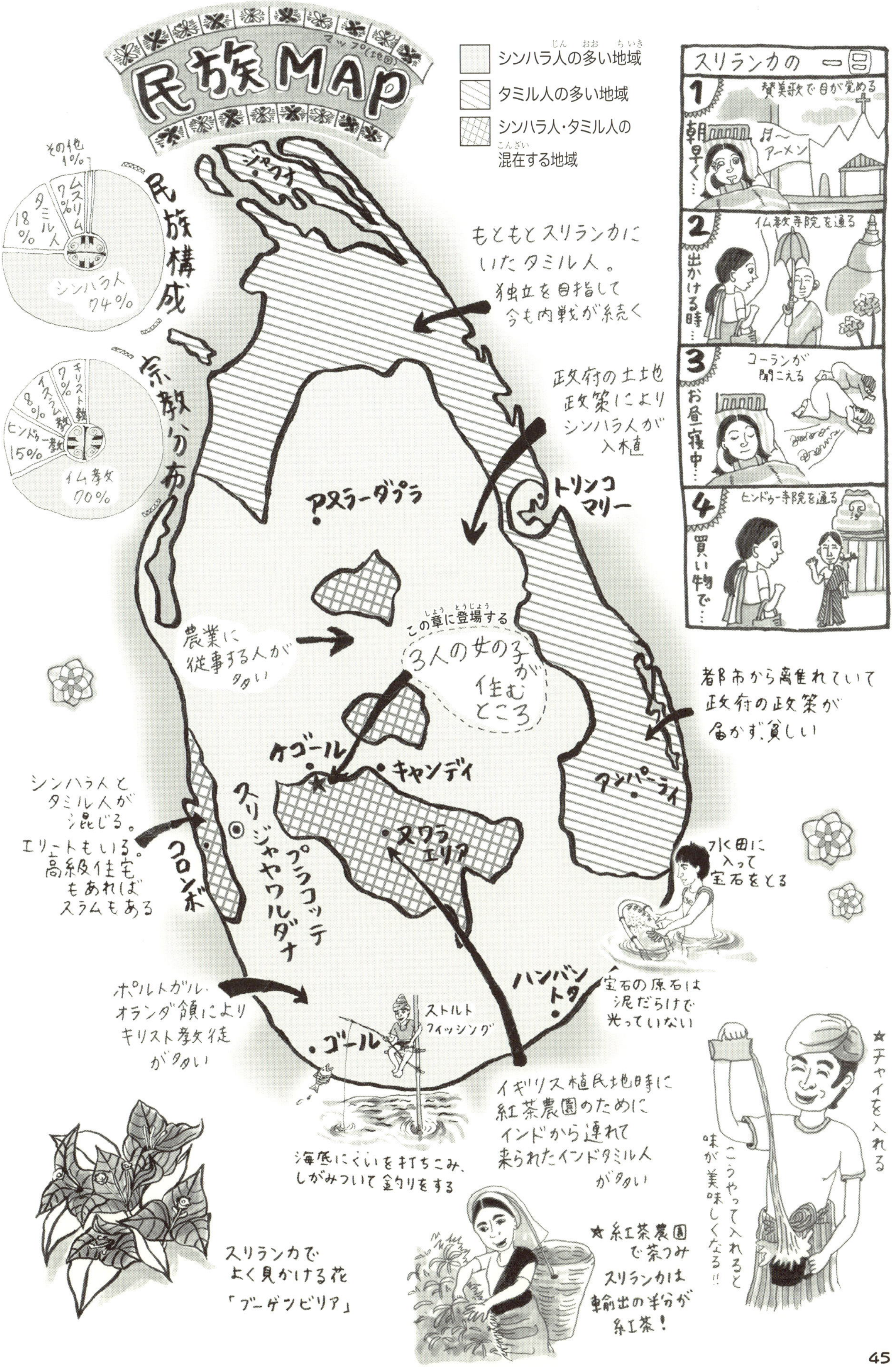

民族MAP《マップ(地図)》
シンハラ人《じん》の多《おお》い地域《ちいき》
タミル人の多い地域
シンハラ人・タミル人の
混在《こんざい》する地域
民族構成
その他 1%
ムスリム 7%
タミル人 18%
シンハラ人 74%
宗教分布
キリスト教 7%
イスラム教 8%
ヒンドゥー教 15%
仏教 70%
ジャフナ
もともとスリランカに
いたタミル人。
独立を目指して
今も内戦が続く
政府の土地
政策により
シンハラ人が
入植
アヌラーダプラ
トリンコマリー
農業に
従事する人が
多い
この章《しょう》に登場《とうじょう》する
3人の女の子が
住むところ
都市から離れていて
政府の政策が
届かず貧しい
ケゴール
キャンディ
アンパーライ
シンハラ人と
タミル人が
混じる。
エリートもいる。
高級住宅
もあれば
スラムもある
コロンボ
スリジャヤワルダナプラコッテ
ヌワラエリア
水田に
入って
宝石をとる
ハンバントタ
宝石の原石は
泥だらけで
光っていない
ポルトガル・
オランダ領により
キリスト教徒
が多い
ストルトフィッシング
ゴール
イギリス植民地時に
紅茶農園のために
インドから連れて
来られたインドタミル人
が多い
海底にくいを打ちこみ、
しがみついて釣りをする
スリランカで
よく見かける花
「ブーゲンビリア」
★紅茶農園
で茶つみ
スリランカは
輸出の半分が
紅茶!
★チャイを入れる
こうやって入れると
味が美味しくなる!!
スリランカの一日
1 朝早く…
賛美歌で目が覚める
♪〜
アーメン
2 出かける時…
仏教寺院を通る
3 お昼寝中…
コーランが
聞こえる
4 買い物で…
ヒンドゥー寺院を通る

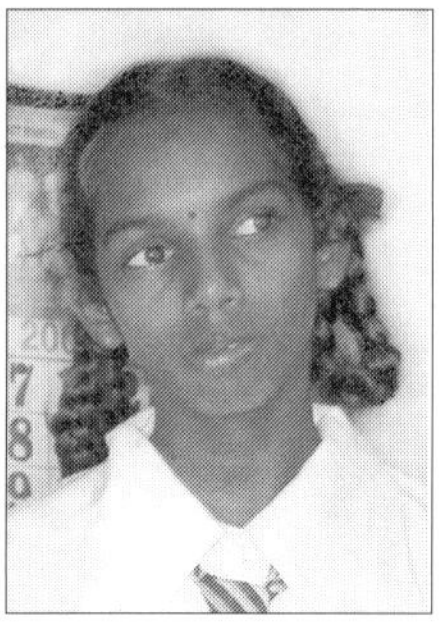

みんなは、“スピーチコンテスト”を知《し》っているでしょうか？
これから、コンテストに出場《しゅつじょう》したことがある、民族《みんぞく》も宗教《しゅうきょう》も違《ちが》う3人《にん》の子《こ》どもたちのことを紹介《しょうかい》しましょう。

ここは、ケゴール県《けん》ヤティヤントータ村《むら》。
ディビアは、ヒンドゥー教《きょう》を信《しん》じるタミルの子ども。
セントメリー学校《がっこう》の10年生《ねんせい》。

ディビアの家《いえ》は、1部屋《へや》だけの家。
2つのベッドがあるだけで、それ以外《いがい》には何《なに》もない。友《とも》だちの家にはテレビがあるけど、ディビアの家はラジオだけ。
料理《りょうり》も食事《しょくじ》も、勉強《べんきょう》したり、家族《かぞく》が寝《ね》るのも、同《おな》じ部屋でする。

朝《あさ》5時《じ》に起《お》きて、顔《かお》を洗《あら》って、
家族みんなでお祈《いの》りをする。
神様《かみさま》のためのランプに点火《てんか》するのは
ディビアの役目《やくめ》。

ヒンドゥー教は、紀元前《きげんぜん》よりインドから移住《いじゅう》してきたタミル人《じん》を中心《ちゅうしん》に信仰《しんこう》されてきた。神々《かみがみ》はいつも本当《ほんとう》に神殿《しんでん》にいて、人々《ひとびと》の願《ねが》い事《ごと》にこたえると考《かんが》えられている。また、毎日《まいにち》寺院《じいん》で行《おこな》われる礼拝《れいはい》は神々と人々との交流《こうりゅう》の場《ば》と考えられている。

学校もヒンドゥー教のお祈りで授業《じゅぎょう》が始《はじ》まる。
理科《りか》、数学《すうがく》、農業《のうぎょう》、美術《びじゅつ》、音楽《おんがく》、それから英語《えいご》、タミル語《ご》、シンハラ語。
この学校には、シンハラ人《じん》の子どもはいない。
授業はみんなタミル語を使《つか》うんだ。
少《すこ》しだけど、ムスリム（イスラム教徒《と》）の子もいっしょに勉強している。

ナーガラットラム
お父さん
ニランジャラ
姉さん
ナレーナ
お母さん
ニロシャン
お兄さん
ディビヤ
14才
弟の
ロシャンバブ
妹の
アリアラニ

お祈りで学校の授業が終《お》わる。
家に帰《かえ》ってから、ディビアは小《ちい》さな子どもたちに勉強を教《おし》えている。
毎月《まいつき》、塾《じゅく》から少しお金《かね》ももらえるんだ。

スリランカの
ヒンドゥー教

夕方《ゆうがた》6時30分《ぷん》はラジオの時間《じかん》。
タミル語、シンハラ語、英語……スリランカで使うことばは、
何《なん》でも分《わ》かるから、どんな番組《ばんぐみ》だって楽《たの》しめる。
ディビアがスピーチコンテストで活躍《かつやく》できるのは、
楽《たの》しみながらことばの勉強をしているからかもしれないね。

アルニは仏教《ぶっきょう》を信《しん》じるシンハラ人《じん》。
コホムバデニヤ村《むら》に住《す》んでいる。
シンハラの子《こ》どもたちが学《まな》ぶメニカダワラ学校《がっこう》の 11 年生《ねんせい》。
数学《すうがく》が好《す》きで、スポーツも得意《とくい》な活発《かっぱつ》な中学生《ちゅうがくせい》だ。

朝《あさ》4時《じ》に起《お》きて家族《かぞく》といっしょに仏像《ぶつぞう》に手《て》を合《あ》わせる。
8時には登校《とうこう》して、みんなでお経《きょう》を唱《とな》えてから授業《じゅぎょう》が始《はじ》まる。授業の中《なか》でも仏教の教《おし》えを学んでいる。

アルニの楽《たの》しみは近所《きんじょ》の友《とも》だちとクリケットをすること。
みんなの前《まえ》で話《はなし》をすることが得意《とくい》で、
特《とく》に英語《えいご》のスピーチには自信《じしん》がある。
全国大会《ぜんこくたいかい》で1位《い》になったこともあるんだ。

学校の中に祠《ほこら》がある
学校の子たちとアルニ 16才

アルニの住む村は、ほとんどがシンハラ人だけど、近《ちか》くには、農園《のうえん》で働《はたら》くタミル人が住んでいる。
シンハラ人は、生活《せいかつ》が苦《くる》しいタミル人の農園労働者《ろうどうしゃ》を助《たす》けることもある。
アルニはコンテストで、遠《とお》い昔《むかし》からどの民族《みんぞく》の人びとも争《あらそ》うことなく平和《へいわ》に暮《く》らしてきたことを話《はな》したんだ。

スリランカの
仏教

スリランカの仏教は、紀元前《きげんぜん》3世紀《せいき》にインドから伝《つた》えられた。人口《じんこう》の多数《たすう》を占《し》めるシンハラ人のほとんどは仏教徒《と》である。7歳《さい》になればだれでも出家《しゅっけ》でき、10年ほど修行《しゅぎょう》し僧侶《そうりょ》になる。僧侶はこの国《くに》において地位《ちい》が高《たか》く、信者《しんじゃ》から尊敬《そんけい》され、政《せい》治的《じてき》にも力《ちから》を持《も》つ。また、僧侶は結婚《けっこん》しない。キャンディ市《し》にある仏歯寺《ぶっしじ》には仏《ブッ》陀《ダ》の歯《は》が祀《まつ》られている。一般《いっぱん》の人々《ひとびと》は、ペラヘラ祭《さい》の行列見物《ぎょうれつけんぶつ》で、象《ぞう》の背《せ》に乗《の》せられた仏歯を納《おさ》めたみこしを拝《おが》むことができる。

ヌシュラの住むウワンヤッタ村は
ほとんどがイスラム教を信じるタミル人。
彼《かれ》らはムスリムと呼《よ》ばれている。

弟
アムラジ
学校の先生
お母さん
妹
シハナ
おばあちゃん
2人
お父さん
塾の先生
弟
シムラジ
妹
シルミア
ヌシュラ
16才

ヌシュラは朝起きてサバーという朝のお祈《いの》りをする。
この村では祈るとき、
男《おとこ》の人はモスクに入《はい》るけど、
女《おんな》の人は入れないので、
家《いえ》の中《なか》の祈り部屋《へや》で祈るんだ。

ヌシュラはヌラニア・ムスリム学校の11年生。数学《すうがく》や語《ご》学の勉強《べんきょう》が大《だい》好きだ。ムスリムの学校は6歳までは男の子も女の子もいっしょに勉強し、その後《ご》は別々《べつべつ》のクラスで勉強する。
ムスリムの女の子はチェスやキャロム（ビリヤードに似《に》たゲーム）など、家の中で遊《あそ》ぶことが多《おお》い。

♪〜♫

ウワンヤッタ村の周《まわ》りはシンハラ人の住む村に囲《かこ》まれている。
お祭《まつ》りなどの行事《ぎょうじ》があるときはおたがいの村へ遊びに行《い》く。
共《とも》に楽《たの》しみながら仲良《なかよ》く暮らしているんだ。

スリランカのイスラム教

イスラム教が定着《ていちゃく》したのは14世紀。スリランカ各地《かくち》に貿易《ぼうえき》がさかんな港町《みなとまち》があり、ムスリムが多いアラビアの商人《しょうにん》がそこに立《た》ち寄《よ》ることが多かったことから伝《つた》わった。ムスリムの多くは貿易にたずさわり、宝石《ほうせき》商人として活躍《かつやく》する人も増《ふ》えている。

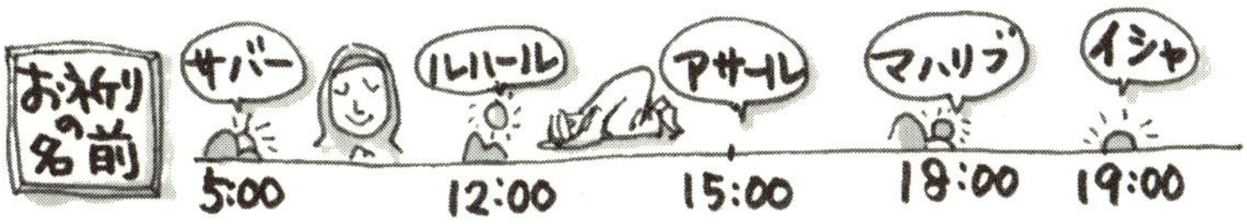
お祈りの名前
サバー
ルハール
アサール
マハリブ
イシャ
5:00
12:00
15:00
18:00
19:00

ディビア、アルニ、ヌシュラは、「ルード（RUDO）」※というスリランカのNGOが開催《かいさい》した、「平和《へいわ》」についてのスピーチコンテスト入賞者《にゅうしょうしゃ》です。

3人《にん》のそれぞれの村《むら》では、シンハラ人《じん》もタミル人もムスリムも平和に暮《く》らしています。
でも、この村では突然争《とつぜんあらそ》いが始《はじ》まってしまうこともあります。
最近《さいきん》もダルガという町《まち》でムスリムとシンハラ人との争いがありました。
1983年《ねん》にシンハラ人とタミル人の間《あいだ》で大《おお》きな戦《たたか》いがあってから、スリランカではそのような日々《ひび》がもう20年以上《いじょう》も続《つづ》いています。

人々《ひとびと》はおたがいのことばを知《し》りません。
それはこうした争いが起《お》こる主《おも》な原因《げんいん》の一《ひと》つです。

※ルード（RUDO：Rural Resources Development Organization 農村資源開発団体《のうそんしげんかいはつだんたい》）

1989年《ねん》にケゴール県《けん》で起こった大災害時《だいさいがいじ》での支《し》援《えん》活動をきっかけとして、地元《じもと》の人たちによって結成《けっせい》された。主に2003年からの2年間《ねんかん》に平和づくり活動として、異《い》宗教、異民族相互《そうご》の対話《たいわ》の機会《きかい》をはかり、セミナーや語学《ごがく》教室、スピーチ、ポスター、作文《さくぶん》、ダンスのコンテスト、村々での平和活動グループづくりにより、平和に生きることへの意識《いしき》を高《たか》める活動をしている。

ルードは、ことばを教《おし》える教室《きょうしつ》を開《ひら》いています。
シンハラ人にタミル語《ご》を、タミル人にシンハラ語を、そしてすべての人々に英語《えいご》を教えます。

また、仏教《ぶっきょう》、イスラム教、ヒンドゥー教、キリスト教の宗教指導者《しゅうきょうしどうしゃ》たちが会《かい》合《ごう》をもち、交流《こうりゅう》をはかります。

すべての民族《みんぞく》が同《おな》じ食卓《しょくたく》を囲《かこ》んでいる。すべてを平等《びょうどう》に分《わ》け合《あ》える社会《しゃかい》を願《ねが》っている。

「平和な世界《せかい》」
民族・宗教を問《と》わずにお祭《まつ》りを楽《たの》しんでいるようす。

「みんなで力《ちから》を合《あ》わせて
よりよい生活《せいかつ》を」

このスピーチやポスターのコンテストは、これからのスリランカをになう子《こ》どもたちに、共《とも》に平和に生《い》きることの大切《たいせつ》さを伝《つた》えるために開《ひら》きました。もしダルガの町にもこのような平和活動《かつどう》があったなら、争いを防《ふせ》ぐことができたかもしれません。

スリランカの民族紛争《みんぞくふんそう》

シンハラ人とタミル人

今日《こんにち》見《み》られる民族意識《いしき》や政治上《せいじじょう》の対立《たいりつ》は、16 世紀《せいき》以来《いらい》の植民地《しょくみんち》支配下《しはいか》で生《しょう》じたものである。

植民地以前《いぜん》、この国《くに》にはいくつかの王国《おうこく》があったが、相互《そうご》に同盟《どうめい》や婚姻関係《こんいんかんけい》も結《むす》ばれていた。1980 年代《ねんだい》に民族抗争《こうそう》が激化《げきか》するまで、人々の間《あいだ》には「シンハラ人」、「タミル人」というはっきりとした民族意識などはなく、住民間《じゅうみんかん》には交流があり、結婚《けっこん》もめずらしくなかった。

独立《どくりつ》から内戦《ないせん》へ

1948 年イギリスより独立するが、新政府《しんせいふ》ではシンハラ人が実権《じっけん》を握《にぎ》った。1956 年にシンハラ語が唯一《ゆいいつ》の公用語《こうようご》とされるとタミル側《がわ》は反発《はんぱつ》し、自治《じち》を要求《ようきゅう》した。さらに 1972 年の新憲法《しんけんぽう》で仏教が準国教《じゅんこっきょう》とされると、タミル側は分離独立《ぶんりどくりつ》をかかげた。

1983 年にタミル人に対する大暴動《ぼうどう》が生《しょう》じると内戦状態《ないせんじょうたい》になり、その後《ご》の 19 年間で 6 万《まん》人を超《こ》す人々が命《いのち》を失《うしな》い、数《すう》十万人が難民《なんみん》となっている。

和平交渉開始《わへいこうしょうかいし》

政府側の軍事費《ぐんじひ》は国家予算《こっかよさん》の 40%にも達《たっ》し、国民《こくみん》生活を大きく圧迫《あっぱく》した。タミル側も少年兵《しょうねんへい》や女性《じょせい》兵がめだつなど、両者《りょうしゃ》とも大きな損害《そんがい》が出て、何度《なんど》も停戦《ていせん》の試《こころ》みがなされてきた。2002 年、いったん停戦協定《きょうてい》が成立《せいりつ》したが、その後の和平交渉はなかなか進《すす》まず現在《げんざい》に至《いた》る。

今でも時折《ときおり》争いがあるが、人々の間では異《こと》なる民族同士仲良《どうしなかよ》くしようという歌《うた》が歌われたり、異宗教間の交流をはかるなどの取《と》り組《く》みが広《ひろ》がっている。ルードの働《はたら》きもその一つと言えよう。

ヌシュラのスピーチから

私《わたし》たちの国《くに》は、2500 年《ねん》もの歴史《れきし》を持《も》っています。
16 世紀以降《せいきいこう》、長《なが》くヨーロッパの支配《しはい》の下《もと》に置《お》かれました。
私たちの祖先《そせん》は誇《ほこ》りを奪《うば》われ、奴隷《どれい》として暮《く》らしてきました。

しかし、やがて私たちの国は、
「母《はは》なるスリランカの子《こ》どもたち」として、
共《とも》に独立《どくりつ》したのです。
一《ひと》つの旗《はた》の下に、一つの国として
自由《じゆう》を勝《か》ち取《と》りました。

「ミツバチみたいになかよく」

アルニのスピーチから

ところが、いつしか時《とき》が経《た》ち、平和《へいわ》と連帯《れんたい》は
壊《こわ》れていきました。
そして、ついには北部《ほくぶ》のタミルのグループが、
自分《じぶん》たちの民族《みんぞく》の分離《ぶんり》独立を求《もと》める
ようになりました。
やがて武力《ぶりょく》による衝突《しょうとつ》が起《お》きて、
大勢《おおぜい》の人々《ひとびと》が死《し》にました。

スリランカは小《ちい》さな島国《しまぐに》です。
しかし、この島にはさまざまな民族、
宗教《しゅうきょう》の人々が共に生活《せいかつ》しています。
一つ一つのグループが独立を求めたら、
この国の将来《しょうらい》はどうなるのでしょうか。

「平和な国をつくろう！」

ディビアのスピーチから

皆《みな》さんは、「賢《かしこ》い鳩《はと》」の話《はなし》を聞《き》いたことがありますか。

昔《むかし》、一つになれない鳩の群《む》れがありました。
一羽《いちわ》一羽が勝手《かって》な動《うご》きをしていたために、群れは農夫《のうふ》の罠《わな》にかかって捕《つか》まってしまいました。
しかし、賢い鳩のリーダーは、
「皆が一つになって網《あみ》を持《も》ち上《あ》げて飛《と》び上がろう」と叫《さけ》びました。

鳩の群れは力《ちから》を合《あ》わせて、
生《い》き延《の》びることができました。

私たちの国の強《つよ》さ、美《うつく》しさは、
一つになることから生《う》まれるのです。

「明日《あした》こそ
みんななかよく」

51、52、53ページで紹介《しょうかい》した絵《え》はルードの主催《しゅさい》するポスターコンテストで入賞《にゅうしょう》した絵です。

ルードスタッフからのメッセージ

今《いま》や世界《せかい》は一《ひと》つの国家《こっか》といえます。世界はいろいろな技術《ぎじゅつ》の発展《はってん》によって、より近《ちか》くなりました。大人《おとな》にとってだけでなく、子《こ》どもたちにとっても同《おな》じです。世界中《じゅう》の人々《ひとびと》が子どもたちを見守《みまも》っています。日本《にほん》の子どもたちのこともそうです。日本は、創造性《そうぞうせい》、勤勉《きんべん》さ、礼儀正《れいぎただ》しさなどを、重《おも》んじている国《くに》ですね。みなさんが、自分《じぶん》たちの国《くに》を今以上《いじょう》のものにしていくことを願《ねが》っています。私《わたし》たちはみなさんが将来《しょうらい》、自分たちの文化《ぶんか》を大切《たいせつ》にすることを望《のぞ》んでいますし、そうなるだろうと思《おも》っています。どうぞがんばってください！

また、みなさんが平和《へいわ》な世界を築《きず》くことに貢《こう》献《けん》してくれることも願っています。

スリランカより愛《あい》を込《こ》めて！

AHI国際研修《こくさいけんしゅう》に参加《さんか》したルードスタッフのムトゥさん（1994年《ねん》）・サードゥさん（1996年）・ラタナさん（2005年）

山崎眞由美《やまざきまゆみ》さんからのメッセージ

かつてスリランカは、野《や》生《せい》の象《ぞう》がたくさんいましたが、乾燥地帯《かんそうちたい》に人間《にんげん》が入植《にゅうしょく》し始《はじ》めた50年《ねん》ほど前《まえ》から、象と人間の関係《かんけい》は共存《きょうぞん》が難《むずか》しくなってしまいました。森林《しんりん》の減少《げんしょう》とともに、食物《しょくもつ》や水《みず》が不足《ふそく》するようになったからです。おなかがすいた象は畑《はたけ》を荒《あら》したり、農家《のうか》を壊《こわ》して食物を探《さが》したり、時《とき》には人を襲《おそ》います。

シンハラ人《じん》とタミル人の関係が悪《わる》くなってしまったのは、「共存」の精神《せいしん》に反《はん》して、時の政《せい》権《けん》がシンハラ・仏教優遇政策《ぶっきょうゆうぐうせいさく》を打《う》ち出《だ》して選挙《せんきょ》の票集《ひょうあつ》めに利用《りよう》しようとし、社会《しゃかい》の格差《かくさ》や差別《さべつ》を大《おお》きくしてしまったことに深《ふか》く関係しています。大学《だいがく》を卒業《そつぎょう》したのに、タミル人だというだけで、またジャフナ出身《しゅっしん》というだけで就職《しゅうしょく》の機《き》会《かい》がなく、今は道路工事《どうろこうじ》の日雇《ひやと》いをしている、「俺《おれ》に未来《みらい》なんかない」という青年《せいねん》にどのような希望《きぼう》が抱《いだ》けるのでしょうか。

どうしたら平和な社会が築けるのでしょう。理不尽《りふじん》な社会に対して、暴力《ぼうりょく》に訴《うった》えて変《か》えようとする人たち。仲良《なかよ》くして波風立《なみかぜた》てないようにする人。無関心《むかんしん》な人。差別を許《ゆる》さず、人権《じんけん》を守《まも》っていこうとする人。さまざまな大人がいます。今回《こんかい》のルードによる作文《さくぶん》コンテストに、あなたならどんなことを書《か》きますか？

元《もと》AHI職員《しょくいん》　スリランカ事業担当《じぎょうたんとう》

◆参考資料

『もっと知りたいスリランカ』杉本良男、弘文堂、1987年

『スリランカ――長期滞在者のための最新情報55』スリランカ友の会編、ホリデイワールド、1995年

『知っておきたいインド・南アジア』歴史教育者協議会、青木書店、1997年

『暮らしがわかるアジア読本　スリランカ』杉本良男編、河出書房新社、1998年

『国際基督教大学社会研究所地域研究シリーズ・スリランカの女性、開発、民族意識』大森元吉編著、明石書店、1999年

『スリランカ――人びとの暮らしを訪ねて』澁谷利雄、高桑史子、段々社、2003年

『南アジア史』辛島昇編、山川出版社、2004年

『地球の歩き方　スリランカ ʻ05～ʻ06』「地球の歩き方」編集室、ダイヤモンド・ビッグ社、2005年

『もうひとつの島国・スリランカ――内戦に隠れた文化と暮らし』樋口まち子、ぶなのもり、2006年

外務省ホームページ　http://www.mofa.go.jp/

ホームページ「Perry-Castaneda Library Map Collection」http://www.lib.utexas.edu/maps/

◆初出：アジアの子どもNo.42　アジア保健研修所（AHI）ニュースNo.237（2006年6月1日発行）

5章《しょう》

水《みず》・緑《みどり》・子《こ》どもたち

—バングラデシュ—

川《かわ》

ヒマラヤ山脈
ブラフマプトラ川
シルヘット
メグナ川
タンガイル
ダッカ
ガンジス川
カルカッタ

一．ある日《ひ》のこと
顔《かお》に太陽《たいよう》があたり
川は目《め》をさましました

二．だれも遊《あそ》びあいてはおらず
だれの家《いえ》にもことばはなく
だれも歌《うた》をうたっていません

五．水《みず》の中《なか》では
うずまきがぐるぐる回《まわ》り
狂《くる》ったように
走《はし》ってゆきます

七．ここでは潮《しお》がみちてくると
川はどんどんふくらみます
川は大蛇《だいじゃ》のようにふくれて
両岸《りょうがん》を食《た》べてしまいそうです

八．川はもうどこにも行かなくてよいのです
海《うみ》は川を胸《むね》に抱《いだ》き　青《あお》い寝台《しんだい》にねかせ
どろや土《つち》を洗《あら》ってくれます
川を泡《あわ》の服《ふく》でつつみ　波《なみ》のブランコにのせ
耳《みみ》に歌をうたい　今《いま》までの苦労《くろう》をやわらげてくれます

タゴールによる詩《し》「川」
（神戸朋子訳）よりその一部《いちぶ》

タゴール（1861～1941）
カルカッタに生《う》まれる。子どものころ、つめこみ教育《きょういく》、英語《えいご》による教育になじめず何度《なんど》も学校《がっこう》をかわったが、卒業《そつぎょう》はしなかった。その経験《けいけん》から、1901年《ねん》、自分《じぶん》の長男《ちょうなん》を含《ふく》む5人《にん》の生徒《せいと》のためにベンガル語による学校を開《ひら》き、歌、踊《おど》り、しばいなどをとり入れた楽《たの》しい学校にした。この学校は、今もインドの国立大学《こくりつだいがく》として100年の歴史《れきし》を誇《ほこ》っている。

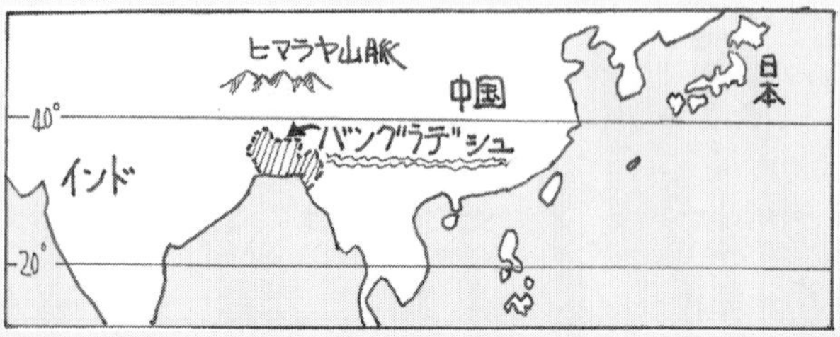
ヒマラヤ山脈
中国
日本
40°
バングラデシュ
インド
20°

バングラデシュ人民共和国《じんみんきょうわこく》

面積《めんせき》　約《やく》14万㎢（日本《にほん》：約38万㎢）
人口《じんこう》　約1億《おく》6000万人《まんにん》（日本：約1億2729万人）
・99%がベンガル語《ご》を話《はな》す
（「バングラデシュ」とは「ベンガル語を話す人《ひと》の国《くに》」）という意味《いみ》）
・86%がイスラム教《きょう》

三．それで
この世界《せかい》にあるものすべてを見《み》てみたいと思《おも》い
川はサヤサヤサラサラゆっくりと旅《たび》に出《で》ました

四．途中《とちゅう》に大《おお》きな石《いし》があると
押《お》しのけ
もし行《ゆ》く手《て》に山《やま》が現《あらわ》れると
曲《ま》がりくねって
笑《わら》いながら流《なが》れてゆきます

六．ここでは
どちらを見てもみな平《たい》らです
川は自分《じぶん》のすきなように流れます
途中《とちゅう》で四方《しほう》から雨季《うき》の水が流れ込《こ》むと
川はみるみるふくらんでゆきます
もはやだれも川をつかまえておくことはできません

国《くに》の歴史《れきし》

8世紀《せいき》	ベンガル（現在《げんざい》のバングラデシュとインド領西《りょうにし》ベンガル）を中心《ちゅうしん》に王朝《おうちょう》ができる。ヒンドゥー教《きょう》や仏教《ぶっきょう》の文《ぶん》化《か》が栄《さか》える。
11世紀	この頃《ころ》までにベンガル語やベンガル文学発展《ぶんがくはってん》。
13世紀～	イスラム教の支配《しはい》。
16世紀～	ムガール帝国時代《ていこくじだい》。
1757年～	以後《いご》190年間《かん》イギリスによる植民地《しょくみんち》。
1947年	イギリスから、ヒンドゥー教中心《ちゅうしん》の国インドが、イスラム教中心の国パキスタンがそれぞれ独立《どくりつ》。この時《とき》のパキスタンは、大国《たいこく》インドをはさんで東西《とうざい》に遠《とお》く離《はな》れていて、ことばも文化も異《こと》なっていた。その後、ウルドゥー語の強制《きょうせい》や西パキスタン中心の政治《せいじ》に反対《はんたい》して、東《ひがし》パキスタンに独立運動《うんどう》が起《お》こる。
1970年	バングラデシュ独立戦争始《せんそうはじ》まる。
1971年	東《ひがし》パキスタンはバングラデシュ人民共和国として独立。（国旗《こっき》の赤《あか》い円《えん》は独立戦争で流された100万人の血《ち》を表《あらわ》すといわれる）

水《みず》

高台に人も
牛もひなん
する
水といっしょに
魚もくる
雨は神から来る
屋根に
カボチャが…

バングラデシュの自然条件《しぜんじょうけん》

☆気候《きこう》　3月《がつ》～5月末《まつ》　【暑季《しょき》または少雨季《しょううき》】だんだんむし暑《あつ》くなり、後半《こうはん》は気温《きおん》35℃以上《いじょう》、湿度《しつど》95%。

6月中旬《ちゅうじゅん》～10月中旬【雨季】かなり暑く平均《へいきん》気温30℃、湿度90%以上。1年《ねん》の雨量《うりょう》のほとんどがこの間《あいだ》に降《ふ》る。

10月中旬～2月末　【乾季《かんき》】真《ま》っ青《さお》な空《そら》に緑《みどり》が映《は》える最《もっと》も過《す》ごしやすい季節《きせつ》。日中《にっちゅう》21℃、夜《よる》10℃。

☆地形《ちけい》　国土《こくど》の3分《ぶん》の1は海抜《かいばつ》1m以下《いか》で、そこでは毎年《まいねん》雨季には川《かわ》があふれて一面《いちめん》水におおわれ、3m以上水をかぶるところも多《おお》い。3大河川《だいかせん》の川幅《かわはば》は3～5km、雨季と乾季の水位《すいい》の差《さ》は7～8mになることもある。

4・5月、10・11月のサイクロン（巨大熱帯性低気圧《きょだいねったいせいていきあつ》）が雨季や満潮《まんちょう》・大潮《おおしお》と重《かさ》なると大災害《さいがい》となる。1991年4月末の大洪水《こうずい》では約《やく》14万人《まんにん》が死亡《しぼう》、約100万頭《とう》の家畜《かちく》が死亡したといわれる。

毎年《まいとし》　雨《あめ》がふりつづくと　どこもかしこも　水《みず》、水、水……でも
バニヤンの木

洪水は自然災害？

☆土地《とち》が低《ひく》く平《たい》らで、しかも３つの大河《たいが》の河口《かこう》を持《も》つこの国では、地球温暖化※《ちきゅうおんだんか※》による海面上昇《かいめんじょうしょう》・ヒマラヤの雪《ゆき》どけ水の増加《ぞうか》も心配《しんぱい》される。

※地球温暖化：石油《せきゆ》、石炭《せきたん》、天然《てんねん》ガスなどが燃《も》えると二酸《にさん》化炭素《かたんそ》（CO_2《シーオーツー》）を出《だ》す。CO_2が地表《ちひょう》の熱《ねつ》を封《ふう》じ込《こ》めるはたらきをするので、地表近《ちか》くの気温を上げてしまう。

CO_2の排出量《はいしゅつりょう》の70%は先進工業国《せんしんこうぎょうこく》といわれる国々によるもの。自動車《じどうしゃ》の排気《はいき》ガスも、この主《おも》な原因《げんいん》の一《ひと》つ。

☆最近《さいきん》の大《おお》きな水害の原因の一つは、上流《じょうりゅう》にある国のダムの放流《ほうりゅう》にあるといわれている。インド、中国《ちゅうごく》、ネパールなど流域国間《りゅういきこくかん》の対等《たいとう》な話《はな》し合《あ》いが必要《ひつよう》になっている。

緑《みどり》

水《みず》がひいたあとには　緑《みどり》がよみがえります

ジュートの刈りいれ
年に2〜3回
田植えをする
まけば育つ
植えれば実る。
よい土だ
わらの山
牛のえさや
燃料に
する
お客さんの
ための座り板
ノクシカタ
置き包丁
材料を
押し
つけて
切る
牛のふん

人々《ひとびと》のくらし

☆洪水《こうずい》のあとにはヒマラヤ山脈《さんみゃく》から運《はこ》ばれてきた良質《りょうしつ》の土《つち》が残《のこ》る。人々はこの肥沃《ひよく》な土を求《もと》めて移《うつ》り住《す》んできたといわれる。雨季《うき》には稲《いね》・ジュート（黄麻《こうま》）、乾季《かんき》には豆類《まめるい》・野《や》菜《さい》などを育《そだ》ててきたが、最近《さいきん》では灌漑用水《かんがいようすい》の発達《はったつ》によって乾季にも稲を作《つく》る。雨季の稲は増水《ぞうすい》にあわせて茎《くき》が3m以《い》上《じょう》のびるものもある。またジュートは洪水の運んでくる泥《どろ》でよく育ち、繊維《せんい》は麻袋《あさぶくろ》、ロープ、紙《かみ》の原料《げんりょう》などに使《つか》われ、主《おも》な輸出品《ゆしゅつひん》の一《ひと》つとなっている。

☆縦横《じゅうおう》に走《はし》る川《かわ》の湿度《しつど》と昼夜《ちゅうや》の温度差《おんどさ》によって朝《あさ》もやがかかり、乾季でも大地《だいち》は緑《みどり》におおわれている。バナナ、ココナツ、マンゴーなどが実《みの》り、稲の収穫期《しゅうかくき》には100年前《ねんまえ》にタゴールがうたったとおり、今《いま》も「黄金《おうごん》のベンガル」になる。しかし、借金《しゃっきん》や水害《すいがい》のため自分《じぶん》の土地《とち》を手放《てばな》し、地主《じぬし》の土地で働《はたら》いたり、都市《とし》に出《で》るなど、貧富《ひんぷ》の差《さ》がはげしい。

ジュートを水につけてやわらかくしてせんいをとる
はたらきながらも遊ぶ時間を作る

☆「12カ月《げつ》に13回《かい》お祭《まつ》りがある」といわれるように、にぎやかに集《あつ》まることが好《す》きで、人をあたたかくもてなす。となりの家《いえ》でコップをかりてきてまで、お茶《ちゃ》をごちそうしてもらったことに胸《むね》を熱《あつ》くした日本人《にほんじん》もいる。

☆道路《どうろ》や家をつくるときには、水害に備《そな》えてできるだけ高《たか》く土を積《つ》む。土を掘《ほ》ったあとは池《いけ》になり、ここで水浴《みずあ》びや洗濯《せんたく》をし、養魚場《ようぎょじょう》に使うこともある。

☆「川の見《み》えないところはない」といわれるこの国《くに》の交通《こうつう》には船《ふね》が最《もっと》も便利《べんり》。大《おお》きな貨物船《かもつせん》、客船《きゃくせん》、帆船《はんせん》、手こぎの小舟《こぶね》などが行《い》き来《き》する。雨季に浸水《しんすい》したところで小舟が大活躍《だいかつやく》する。橋《はし》は水《みず》に流《なが》されるたびに架《か》けかえる。

☆ノクシカタ「ノクシ（縫《ぬ》う）カタ（布《ぬの》）」はベンガル地方《ちほう》の刺《さ》し子・刺《し》しゅうで、着古《きふる》したサリーを何枚《なんまい》か重《かさ》ねて、サリーの縁《ふち》からとった糸《いと》で一針《ひとはり》ずつ縫い上《あ》げて、上掛《うわが》けや敷物《しきもの》にする。図案《ずあん》は母《はは》から娘《むすめ》へと受《う》けつがれる。

ハズラットの

とうさん
ねえさん
かあさん
ぼく ハズラット 8才
ダッカの北のほうのタンガイルに すんでいます。とうさんは ペンキぬりの仕事をしています。
ぼくの ふくは これで全部。
うれしいとき ―その2―
〜とうさんとかあさんが にこにこしているとき〜
こんど生まれるなら 男の子と女の子と どっちがいい？
そりゃあ 男さ。ぜったい大事に されるもん。
うれしいとき ―その3―
〜おもいっきり泳ぐとき〜
これから？ うーん
・役人になる
・ダッカに行ってみたい いちども行ったことが ないから。

バングラデシュの子《こ》どもたち

（1）乳幼児《にゅうようじ》

1年《ねん》に、およそ43万人《まんにん》の乳児が1歳《さい》の誕生日《たんじょうび》を迎《むか》える前《まえ》に死亡《しぼう》し、さらにおよそ11万人が5歳までに死亡するといわれる（2010年現在《げんざい》）。死亡原因《げんいん》の30%が下痢《げり》によるもの。雨季《うき》にあふれ出《だ》す汚水《おすい》や栄養不足《えいようぶそく》などが主《おも》な原因とされている。この状況《じょうきょう》をよくするために世界中《せかいじゅう》から援助《えんじょ》が集《あつ》まり、多《おお》くの民間団体《みんかんだんたい》（NGO）が活動《かつどう》している。地域《ちいき》によっては、このような団体の保健《ほけん》ワーカーが村々《むらむら》をまわって、子どもの予防接種《よぼうせっしゅ》、体重測定《たいじゅうそくてい》、健康《けんこう》チェック、手洗《てあら》いなどの衛生指導《えいせいしどう》などをし、母親《ははおや》には栄養・健康指導なども行《おこな》う。

うれしいとき

うれしいときーその1ー
〜新しい服をかってもらったとき〜
ボロボロになったときとかおまつりのときに買ってもらう。
友だちのうちに見せに行くんだ。
家でのしごと
〜にわとりのせわ やぎのせわ〜
ぼくは ねことやぎが すき。ねことやぎも ぼくが すき。
〜水くみ〜
〜まきひろい わらあつめ〜
学校は…
ぎゅうぎゅうづめ
一人ずつに机といすがほしいな
教科書やえんぴつがちゃんとあったらいいな
せんせいがもっとやさしかったらいいな
先生はとてもつかれている。
1時間ほど歩いてゆく。
今わたしが一日仕事を休むと かぞくは食べるものがなくなってしまう。子どもに教育だけはうけさせたい。

(2) 学校《がっこう》へ行《い》く子ども

農村《のうそん》地域では小学校《しょうがっこう》に行く子どもの数《かず》は男子《だんし》で60%、女子《じょし》では40%となり、卒業《そつぎょう》する女子の数はさらに少《すく》なくなる。女《おんな》の子は、学校へ行くことよりも家事《かじ》の手伝《てつだ》いや早《はや》く結婚《けっこん》をすることが優先《ゆうせん》される。そのため、字《じ》の読《よ》み書《か》きのできない人《ひと》が大変多《たいへんおお》い。

公立《こうりつ》の小学校は先生《せんせい》の数《かず》も校舎《こうしゃ》もたりないので、午前《ごぜん》と午後《ご》の2部制《ぶせい》をとり、1クラスの人数《にんずう》も多く、暗記中心《あんきちゅうしん》の学習《がくしゅう》となる。また通学《つうがく》に時間《じかん》がかかるなど多くの問題《もんだい》がある。これらを補《おぎな》うために、NGOのはたらきかけにより地域で学校を開《ひら》いているところもある。

ラヘラのだい

お父さん
お母さん
わたし
ラヘラ
10才
姉さん
妹
ほかに兄さん、弟もいます
東の方のシルヘットに
住んでいます。

だいすきなこと―その1―
～走る～

家でのしごと
ほうきで
はく
妹や弟の
水あびのせわ
お料理
食事は
男の人が食べた
あと、そのこりを
食べる

(3) 働《はたら》く子《こ》ども

裕福《ゆうふく》な家庭《かてい》の子ども以外《いがい》は5歳《さい》を過《す》ぎると、家計《かけい》を支《ささ》えるために働く。わずかな賃金《ちんぎん》のために1日《にち》10～12時間《じかん》働き、体《からだ》をこわす子どもも多《おお》い。ある調査《ちょうさ》によると、やむをえず学校《がっこう》をやめてはたらく子どもたちのおよそ70%が、学校にもどりたいと願《ねが》っている。町《まち》にすむ男《おとこ》の子は、紅茶《こうちゃ》・織物《おりもの》工場《こうじょう》・レンガわり、荷物運《にもつはこ》び、家事使用人《かじしようにん》などの仕事《しごと》。農《のう》村《そん》の男の子は、父親《ちちおや》の畑《はたけ》仕事の手伝《てつだ》いや家畜《かちく》の世話《せわ》などをする。女《おんな》の子は朝早《あさはや》くから夜遅《よるおそ》くまで母親《ははおや》といっしょに働く。

すきなこと

近くの人たちは
娘は12才になったら
結婚させるっていうけど
ラヘラは‥‥
ラヘラに持たせる
※20000タカは とうてい
わしらの かせぎじゃ
用意できんしな
そうですね。小さな畑
も 上の子の結婚と
水害のときに売ってしまった
し‥‥‥
※お父さんが一日畑仕事
をしてもらうお金が
20タカくらい。
お米1kgが13タカくらい。
だいすきなこと ーその2ー
〜〜とぶ〜〜
アムラ ショバイ ボンドゥ
みんな ともだち
学校のにわとりゲームの
大会で勝ちのこったんだよ
うれしかった。
片足でとびながら
肩でおしあい
線から出ないで
さいごまで
のこったら勝ち

バングラデシュの女性《じょせい》

生活全般《せいかつぜんぱん》に、イスラム教《きょう》の影響《えいきょう》を大《おお》きく受《う》けている。女性は結婚《けっこん》するとサリー、結婚するまではサロワカミューズ（ブラウス・ズボン・胸元《むなもと》をおおうスカーフ）を着《き》る（64ページ左上写真《ひだりうえしゃしん》、ラヘラのお姉《ねえ》さんが着ている）

農村では、女子《じょし》は12歳を過ぎると両親《りょうしん》の決《き》めた人《ひと》と結婚する（都市部《としぶ》では18歳くらい）。このとき女性側《がわ》は、かなりの持参金《じさんきん》を用意《ようい》しなければならず大きな負担《ふたん》となっている。男子《だんし》の場合《ばあい》は、家族《かぞく》を養《やしな》うだけの収入《しゅうにゅう》がえられるようになると、やはり両親の決めた相手《あいて》と結婚する。結婚後《ご》の女性は家《いえ》の外《そと》に出《で》ないというしきたりがある。外ではたらくことは難《むずか》しく社会《しゃかい》に疎《うと》くなりやすい。都市部ではこれらのしきたりも変《か》わってきている。

ホスネアラさんから

わたしたちの国《くに》では「健康《けんこう》」は社会《しゃかい》のしきたりやしくみと大《おお》きくかかわってきています。女《おんな》の子《こ》の食事《しょくじ》の量《りょう》は男《おとこ》の子にくらべて大変少《たいへんすく》ないのがふつうです。男《だん》性《せい》が一家《いっか》のかせぎ手《て》と考《かんが》えられ、いろいろな種類《しゅるい》の食《た》べ物《もの》をたくさん食べ、女性《じょせい》はそののこりを食べるからです。両親《りょうしん》は食事、学校《がっこう》、仕事《しごと》、遊《あそ》びなど、子どもを育《そだ》てるためのあらゆる場面《ばめん》で、女の子にはあまり注意《ちゅうい》をはらいません。

わたしたちは、村《むら》で週《しゅう》1回《かい》25人《にん》ぐらいのグループで集《あつ》まり、食事の量、教育《きょういく》、健康面で男女《だんじょ》を平等《びょうどう》にあつかうことの大切《たいせつ》さを話《はな》し合《あ》っています。

今《いま》、女性と男性がそれぞれの権利《けんり》を要求《ようきゅう》していくことが必要《ひつよう》だと思《おも》います。またそのことを法律《ほうりつ》に表《あらわ》すよう、政府《せいふ》にはたらきかけていこうと考えています。

ホスネアラさん。1989年国際研修参加者《こくさいけんしゅうさんかしゃ》。女性と男性の間《あいだ》にある格差《かくさ》をなくし、平等な社会をめざして活動《かつどう》するUSHAという団体《だんたい》の事務局長《じむきょくちょう》。

カマールさんから

前《まえ》のページで紹介《しょうかい》したラヘラは、今も元気《げんき》で学校に通《かよ》っています。妹《いもうと》も弟《おとうと》も学校に行《い》っていますが、姉《ねえ》さんのマラも、兄《にい》さんのニザムもお金《かね》がなくて学校を途《と》中《ちゅう》でやめました。1998年《ねん》の洪水《こうずい》で稲《いね》がやられて収入《しゅうにゅう》がまったくなく、土地《とち》を手《て》放《ばな》した家族《かぞく》を助《たす》けるために、ニザムは溶《よう》接工《せつこう》として働《はたら》き始《はじ》めたのです。土地を持《も》たない人々《ひとびと》がくらしていくのは大変《たいへん》なことです。わたしたちの会《かい》（VARD）では、このような人々が、自分《じぶん》たちのくらしをよくしていく活動《かつどう》を支《ささ》えています。

ラヘラのお母《かあ》さんソミルネサは、牛《うし》の飼《か》い方《かた》の指導《しどう》をうけた後《あと》、会からお金をかりて乳牛《にゅうぎゅう》を2頭《とう》飼い、ミルクを売《う》ることで少《すこ》しずつ収入《しゅうにゅう》をふやしています。そしてグループの話し合いに参加《さんか》するようになって、子どもの将来《しょうらい》などについてもはっきり自分の意見《いけん》を言《い》えるようになりました。

このように、仕事をしてお金を得《え》ることを通《とお》して、今まで家庭《かてい》にとじこめられていた女性が、同《おな》じ立場《たちば》の人たちと話し合い、自信《じしん》を持つことで、これまでとはちがった生活《せいかつ》や生《い》き方《かた》を見つけようとしています。

ラヘラも大《おお》きくなったら、きっとお母さんと同じようにグループの活動を始《はじ》めることでしょう。

カマールさん。1996年国際研修参加者。VARDという団体の事務局長として、農村《のうそん》の人々の保健《ほけん》と生活向上《こうじょう》のために活動。

◆この章《しょう》のとびらの絵《え》はラヘラが描《か》いたものです。

◆参考資料

『幼な子の歌　タゴール詩集』神戸朋子訳、日本アジア文学協会、1991年

『南アジアを知る事典』平凡社、1992年

『ジョイ・バングラデシュ――私の見た混沌と質朴』細矢進吾著、躍辞舎、1993年

『もっと知りたいバングラデシュ』臼田雅之他編、弘文堂、1993年

『援助原論』中田豊一、学陽書房、1994年

『水と大地の詩――バングラデシュ』文＝白石かずこ・臼田雅之、写真＝吉村繁、岩波書店、1995年

『わたしの故郷「黄金のベンガル」』ラーマン・ムハマド・マーフズル、名古屋国際センター、1996年

『世界の地理 19 南アジア』田辺裕監修、朝倉書店、1999年

『世界子供白書 2000』ユニセフ

『ASAHI WEEKLY』2000年1月23日号

『素顔のバングラデシュ』開発教育研究所

「手工芸品を通した身近な海外協力」シャプラニール＝市民による海外協力の会

◆初出：アジアの子どもNo.30　アジア保健研修所（AHI）ニュースNo.176（2000年6月1日発行）

6章《しょう》

ミャオ――エイズと生《い》きる少女《しょうじょ》

―タイ・アムナチャラン県《けん》より―

ワット・アルン（暁《あかつき》の寺《てら》）

プラテート・タイ（タイ語名《ごめい》）

タイ

Kingdom of Thailand（英《えい》語名）

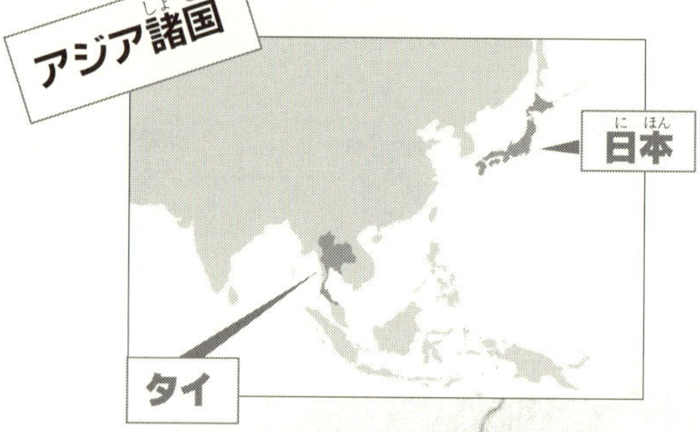

アジア諸国《しょこく》
日本《にほん》
タイ

ラオス
ミャンマー
チェンライ
チェンマイ
スコータイ
アユタヤ
バンコク
パタヤ
サムイ島《とう》
プーケット

ワット・プラケオの
『エメラルド仏《ぶつ》』

タイはこんな国《くに》

面積《めんせき》　51万《まん》4000km²
（日本の約《やく》1.4倍《ばい》）

人口《じんこう》　6738万人《にん》（『世界子供白書特別版2010』より）

首都《しゅと》　バンコク（英語名）
クルンテープ（タイ語通称《つうしょう》）
正式名称《せいしきめいしょう》：クルンテープ・プラマハーナコーン・アモーンラッタナコーシン・マヒンタラーユッタヤー・マハーディロック・ポップ・ノッパラット・ラーチャタニーブリーロム・ウドムラーチャニウェートマハーリターン・アモーンピマーン・アワターンサティット・サッカタッティヤウィサヌカムプラシット

民族《みんぞく》　大多数《だいたすう》がタイ人《じん》
その他《た》：華僑《かきょう》、マレー人、
山岳少数《さんがくしょうすう》民族など

言語《げんご》　タイ語

宗教《しゅうきょう》　仏教《ぶっきょう》95%、イスラム教4%

政治体制《せいじたいせい》　立憲君主《りっけんくんしゅ》制

元首《げんしゅ》　プミポン・アドゥンヤデート国王《こくおう》
（ラーマ9世《せい》王）
1946年《ねん》6月即位《がつそくい》、在位《ざいい》60年

通貨《つうか》　バーツ　1バーツ2.74円《えん》（2010年7月現在《げんざい》）

気候《きこう》　熱帯性《ねったいせい》気候
年間《ねんかん》の平均気温《へいきんきおん》は約29℃。
11月～2月…乾季《かんき》、3月～5月…暑季《しょき》、
6月～10月…雨季《うき》

象《ぞう》と象使《つか》い
タイでは昔《むかし》から象を飼《か》いならし、運搬《うんぱん》や作業《さぎょう》に活用《かつよう》してきた。今《いま》でも、祭《まつ》りや観《かん》光用《こうよう》に活躍《かつやく》している。

ココナッツ　ドリアン　パパイヤ　バナナ

タイの国王《こくおう》

タイでは国王に対《たい》する国民《こくみん》の信頼《しんらい》と尊敬《そんけい》は絶大《ぜつだい》である。国家元首《げんしゅ》であり、軍隊《ぐんたい》の最高司令官《さいこうしれいかん》であり、タイの仏教界《ぶっきょうかい》の最高指導者《しどうしゃ》である。

爪踊《つめおど》り（フォーン・レップ）

指《ゆび》に長《なが》い付《つ》け爪《づめ》をして、手首《てくび》を優雅《ゆうが》にくねらせる踊り。かつての宮廷舞踊《きゅうていぶよう》。

アカ民族
リス民族
アムナチャラン県《けん》
山岳部《さんがくぶ》の少数民族《しょうすうみんぞく》
カンボジア
モン民族

水上《すいじょう》マーケット

バンコク市内《しない》、郊外《こうがい》で行《おこな》われている。新鮮《しんせん》なフルーツ、野菜《やさい》、肉《にく》、魚《さかな》、花《はな》や日用雑貨《にちようざっか》などいろいろなものを山積《やまづ》みにした船《ふね》が川《かわ》を行《い》き交《か》うにぎやかな市場《いちば》。

サムロー

観光用三輪自転車《さんりんじてんしゃ》またはバイク。荷台《にだい》と雨《あめ》よけの屋根《やね》、電飾《でんしょく》などの飾《かざ》りが付《つ》いて華《はな》やか。

タイの仏教《ぶっきょう》

13世紀《せいき》の後半《こうはん》にスリランカから伝来《でんらい》した「上座部《じょうざぶ》仏教」である。タイ人《じん》はとても信心深《しんじんぶか》く、どんな小《ちい》さな村《むら》でもお寺《てら》がある。男性《だんせい》の信徒《しんと》は生涯《しょうがい》に一度《いちど》は出家《しゅっけ》して僧侶《そうりょ》となり、修行《しゅぎょう》することになっている。

タイの歴史《れきし》

タイ民族は中国南部《ちゅうごくなんぶ》から移動《いどう》をはじめ、インドシナ半島《はんとう》に定住《ていじゅう》した。13世紀にタイ民族初《はつ》の王朝《おうちょう》であるスコータイ朝《ちょう》、その後《ご》アユタヤ朝、トンブリー朝を経《へ》て、現在《げんざい》のチャクリー朝に至《いた》る。1932年の革命《かくめい》により王政《おうせい》から立憲君主制《りっけんくんしゅせい》になる。第《だい》2次世界大戦《じせかいたいせん》後はアメリカ寄《よ》りの資本主義経済《しほんしゅぎけいざい》・外交《がいこう》を進《すす》めた。1967年、東南《とうなん》アジア諸国連合《しょこくれんごう》（ASEAN）に加盟《かめい》。1980年代以降《だいいこう》、経済は急速《きゅうそく》に発展《はってん》、東南アジア地域《ちいき》での発言力《はつげんりょく》を高《たか》め、近隣《きんりん》のアジア諸国との結《むす》びつきを強《つよ》めている。

タイの教育制度《きょういくせいど》

新学期《しんがっき》は
5月から
はじまるよ！
タイの教育
制度は日本
とほぼ同《おな》じ

日本		タイ
	25	
	24	
	23	
大学	22	高等教育（大学）
	21	
	20	
	19	
	18	
高校	17	後期中等教育（高校）
	16	
	15	
中学校	14	前期中等教育（中学校）
	13	
	12	
	11	
	10	
小学校	9	初等教育（小学校）
	8	
	7	
	6	
	年齢《ねんれい》	

タイの就学率《しゅうがくりつ》

初等《しょとう》教育（小学校《しょうがっこう》）	101.2%
前期中等《ぜんきちゅうとう》教育（中《ちゅう》学校）	83.1%
後期《こうき》中等教育（高校《こうこう》）	54.1%
高等《こうとう》教育（大学《だいがく》）	23.6%

ライチー　ランブータン　マンゴスチン

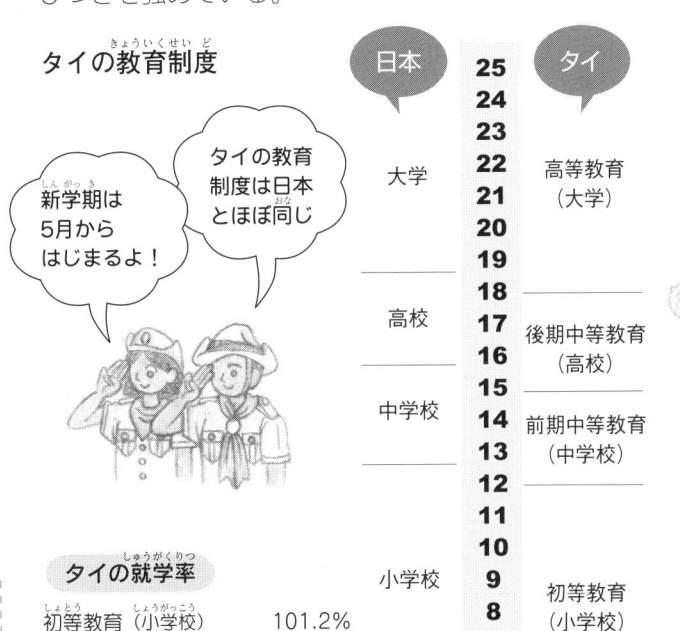

ちょっとはにかんだ笑顔《えがお》の少女《しょうじょ》

名前《なまえ》は「ミャオ」、
猫《ねこ》の鳴《な》き声《ごえ》がそのままニックネームになりました。
ミャオは15歳《さい》、９年生《ねんせい》（日本《にほん》の中学《ちゅうがく》３年）です。

家族《かぞく》は７人《にん》、お母《かあ》さんと妹《いもうと》、
おじいさん、おばあさん、
おじさん、おばさんもいっしょに暮《く》らしています。

お母さんは農業《のうぎょう》をしていますが、
生活《せいかつ》はとても苦《くる》しいのです。

ミャオが欲《ほ》しいものを買《か》うと、
むだづかいだといってお母さんに叱《しか》られます。
だからミャオはあまりおこづかいをねだりません。

でも、
ミャオには秘密《ひみつ》の楽《たの》しみがあります。
近《ちか》くの森《もり》へ行《い》って、
薬草《やくそう》を採《と》って売《う》るのです。
自分《じぶん》で稼《かせ》いだお金《かね》で
欲しいものを買い、
ちょっと幸《しあわ》せな気分《きぶん》になれます。

ミャオは学校《がっこう》が大好《だいす》きです。
友《とも》だちとおしゃべりしたり、
遊《あそ》んだりするのが何《なに》より好き。

勉強《べんきょう》も熱心《ねっしん》にしています。
特《とく》に国語《こくご》が得意《とくい》です。

奉仕活動《ほうしかつどう》も授業《じゅぎょう》の一《ひと》つ。
保健《ほけん》ボランティアでは酢《す》をつくって
野菜《やさい》を保存《ほぞん》する方法《ほうほう》を習《なら》ったり、
校内《こうない》の整理整頓《せいりせいとん》をします。

ガールスカウトも授業の一つ。
料理《りょうり》やキャンプ・応急処置《おうきゅうしょち》の
方法を習います。

学校以外《いがい》でも
お寺《てら》での皿洗《さらあら》いのボランティア。
これも結構気《けっこうき》に入《い》っています。

ミャオはどこにでもいる
普通《ふつう》の女《おんな》の子《こ》。

ただ違《ちが》うのは…………
ミャオはエイズという病気《びょうき》にかかって
いるのです。

夢《ゆめ》を奪《うば》われて

ミャオの村《むら》は、タイ東北部《とうほくぶ》の
アムナチャラン県《けん》、
その中《なか》でも最《もっと》も
エイズが広《ひろ》がっているところです。
エイズはお父《とう》さんからお母《かあ》さんに感染《かんせん》し、
そのお母さんから
ミャオも感染して生《う》まれたのです。

お父さんはミャオが3歳《さい》のとき、
エイズで死《し》んでしまいました。

200軒《けん》くらいの小《ちい》さな村で、
エイズをあまり知《し》らない人《ひと》たちから、
ミャオと家族《かぞく》はひどい嫌《いや》がらせを受《う》けました。
陰口《かげぐち》を言《い》われ、口もきいてもらえず、
お祭《まつ》りや村の行事《ぎょうじ》にも
入《い》れてもらえませんでした。

エイズへの偏見《へんけん》から、
ミャオの心《こころ》は深《ふか》く傷《きず》ついていきました。

病気《びょうき》のためにミャオの体《からだ》は
どんどん弱《よわ》っていきました。

エイズってどんな病気

◆エイズとは　HIV《エイチアイブイ》というウィルスに感染して、免疫力《めんえきりょく》（病原菌《びょうげんきん》とたたかう力《ちから》）が低下《ていか》し、いろいろな病状《びょうじょう》があらわれる病気《びょうき》。しだいに体が弱り、そのうち急激《きゅうげき》に体重《たいじゅう》が減《へ》って、健康《けんこう》な時《とき》にはかからないような感染症《かんせんしょう》や悪性腫瘍《あくせいしゅよう》に簡単《かんたん》にかかるようになって死亡《しぼう》してしまう。

◆感染しても　エイズになるまでには、HIVに感染してからふつう数年以上《すうねんいじょう》の時間《じかん》がかかる。そのため、感染したことを知らないでいると他人《たにん》に感染させてしまう可能性《かのうせい》もある。治療《ちりょう》をしないと、10年で約半分《やくはんぶん》の人が発病《はつびょう》するといわれる。しかし、治療をしていれば、発病を遅《おく》らせることができる。HIV検査《けんさ》によって、感染者《しゃ》であるかどうか知ることができる。

◆治療　エイズの根本的《こんぽんてき》な治療法《ほう》はまだ見《み》つかっていない。感染症《しょう》の治療によって症状《しょうじょう》を一時的《いちじてき》に改善《かいぜん》することができる。近年《きんねん》はHIVの活動《かつどう》を抑《おさ》える薬が開発《かいはつ》され延命《えんめい》が可能になった。早期発見《そうきはっけん》と健康管理《かんり》により、社会生活《しゃかいせいかつ》を送《おく》ることができる。しかし、副作用《ふくさよう》が強《つよ》かったり、決《き》まった時間に薬を飲《の》みつづけていかなければいけなかったりと、非常《ひじょう》に継続《けいぞく》が難《むずか》しい。

10歳になるころには、
ミャオの体は本当《ほんとう》に危険《きけん》な状態《じょうたい》になっていました。

学校《がっこう》に行《い》くこともできません。
外《そと》で遊《あそ》ぶこともできません。

体中《からだじゅう》にできものができ、
高熱《こうねつ》で起《お》き上《あ》がることもできません。
薬《くすり》も手《て》に入《はい》らず、治療《ちりょう》するあてもありません。

ミャオは生《い》きる希望《きぼう》をなくしていました。
私《わたし》もお父さんみたいに死んでしまうかも………。

HIVは感染力がとても弱く、
感染経路《けいろ》がわかっていれば
予防《よぼう》することができる。

どのように感染するの？

性行為《せいこうい》（セックス）による感染
血液《けつえき》を通《とお》しての感染
（輸血《ゆけつ》、血液製剤《せいざい》、注射針《ちゅうしゃばり》のまわし打《う》ち）
お母さんから赤《あか》ちゃんへの感染
（おなかにいるときやお産《さん》のとき血液を通して、また母乳《ぼにゅう》を通して）

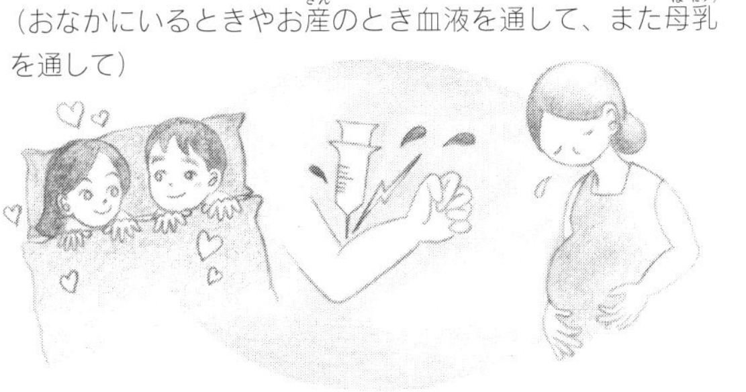

こんなことでは感染しない！

握手《あくしゅ》、キス、せき、くしゃみ、なみだ、汗《あせ》、トイレ、おふろ、プール、同《おな》じ鍋《なべ》をつつく、コップのまわし飲み、電車《でんしゃ》のつり革《かわ》、蚊《か》、ペット、理髪店《りはつてん》

ひとすじの光《ひかり》ほのかに

そんなある日《ひ》のことでした。
「エイズと生《い》きる人々《ひとびと》※」のメンバーが
ミャオの家《いえ》にも来《き》てくれました。

話《はなし》を聞《き》いて、エイズで苦《くる》しむ人たちどうしが、
力《ちから》を出《だ》し合《あ》って病気《びょうき》に立《た》ち向《む》かっているのを知《し》りました。

お母《かあ》さんとミャオはエイズに対《たい》する正《ただ》しい知識《ちしき》を学《まな》びました。
エイズの薬《くすり》を手《て》に入《い》れる方法《ほうほう》、
それを規則《きそく》正しく飲《の》むこと。
自分《じぶん》の体《からだ》の管理《かんり》の仕方《しかた》。

そしていろいろな相談《そうだん》にも
のってもらいました。

少《すこ》しずつミャオは健康《けんこう》を
取《と》り戻《もど》していきました。

※「エイズと生きる人々」による家庭訪問《かていほうもん》
感染者《かんせんしゃ》が感染者を支《ささ》える活動《かつどう》がおこなわれている。家庭訪問では血圧《けつあつ》測定《そくてい》、健康管理や薬の服用《ふくよう》に関《かん》するアドバイス、介護《かいご》の仕方が分《わ》からない家族《かぞく》へは、接《せっ》し方や正しい介護《かいご》方法を説明《せつめい》する。積極《せっきょく》的な家庭訪問活動により、この地域《ちいき》の感染者は高《たか》い服薬《ふくやく》の継続率《けいぞくりつ》を保《たも》っている。

世界のエイズの状況

2005年末《ねんまつ》までの世界《せかい》のエイズ感染者は3860万人《まんにん》にのぼる。そのうち98%が発展途上国《はってんとじょうこく》で、さらにその64%がサハラ（砂漠《さばく》）以南《いなん》のアフリカに集中《しゅうちゅう》し、約《やく》2450万人である。次《つ》いでアジアの830万人。2005年1年間《かん》でHIV《エイチアイブイ》感染者は410万人にのぼり、これは毎日《まいにち》1万1200人もの人が感染していったという計算《けいさん》になる。

アメリカなどでは薬剤《やくざい》の普及《ふきゅう》により、エイズ患者《かんじゃ》の死《し》亡者数《ぼうしゃすう》が減少《げんしょう》しているが、発展途上国の多《おお》くは高額《こうがく》な薬を使《つか》うことができず、多くの人が亡《な》くなっている。

日本のエイズの状況

1985年にエイズ患者が報告《ほうこく》されて以来《いらい》、感染者・患者数はずっと増加《ぞうか》している。厚生労働省《こうせいろうどうしょう》によると、これまでの日本《にほん》のHIV感染者は、2005年12月末時点《がつまつじてん》で6527人、エイズ患者は3257人と報告されている。血液製剤《けつえきせいざい》によるものを除《のぞ》く新規《しんき》感染・患者は、年間1000人を超《こ》えて増加傾向《けいこう》となっている。

さらに日本の特徴《とくちょう》はロシアを除く先進国《せんしんこく》の中《なか》で唯一《ゆいいつ》新規感染者の数が年々《ねんねん》増《ふ》え続《つづ》けていることである。特《とく》に10代《だい》・20代の感染が広《ひろ》がっている。

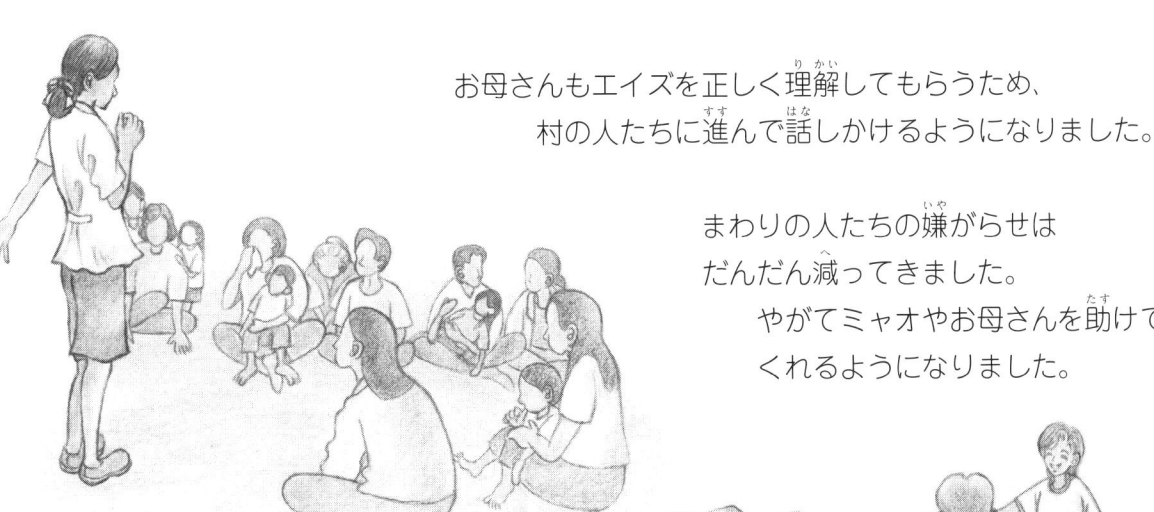

お母さんもエイズを正しく理解《りかい》してもらうため、
村の人たちに進《すす》んで話《はな》しかけるようになりました。

まわりの人たちの嫌《いや》がらせは
だんだん減《へ》ってきました。
やがてミャオやお母さんを助《たす》けて
くれるようになりました。

ミャオは再《ふたた》び学校《がっこう》にも行《い》けるように
なりました。
友《とも》だちがいっぱいできました。

「エイズと生きる人々」の子《こ》ども会《かい》には
必《かなら》ず参加《さんか》しています。
同《おな》じ病気を持《も》つみんなと歌《うた》ったり、
踊《おど》ったり、絵《え》を描《か》いたり、
時《とき》にはキャンプをして話し合《あ》い、
励《はげ》ましあっています。

今《いま》では、ミャオは子ども会の
リーダーです。
年下《としした》の子どもたちのために
忙《いそが》しく働《はたら》いています。

タイのエイズの状況

タイでエイズが見《み》つかったのは1984年で、それから2000年までに約100万人が感染し、そのうち30万人が死亡した。タイ政府《せいふ》は早《はや》くから精力的《せいりょくてき》に感染予防《よぼう》に取《と》り組《く》んできたことから、新《あら》たな感染者数は減《へ》ってきている。

2005年におけるHIV感染者は58万人までになった。毎年エイズによる死亡者は多く、2005年1年間の死亡者数は2万1000人である。これは1日に約58人ずつ死亡したことになる。

感染者は最北部《さいほくぶ》のチェンマイ県《けん》、チェンライ県、パヤオ県などに多いとされている。

今では政府の「30バーツ医療制度《いりょうせいど》」によって、通院《つういん》1回《かい》につき30バーツ（約97円《えん》）払《はら》えばあらゆる医療サービスが受《う》けられ、エイズ患者も高額の薬を飲《の》むことができるように改善《かいぜん》されてきた。だが、今なおエイズ孤児《こじ》が約3万4000人いるなど、深刻《しんこく》な問題《もんだい》となっている。

夢《ゆめ》を持《も》って

エイズに立《た》ち向《む》かうようになって５年《ねん》、
来年《らいねん》ミャオは１年遅《おく》れの卒業《そつぎょう》を迎《むか》えます。

今《いま》ミャオは多《おお》くの仲間《なかま》たちに囲《かこ》まれて、
その中《なか》で自分《じぶん》の将来《しょうらい》を思《おも》い描《えが》きはじめました。

「普通《ふつう》の会社《かいしゃ》ではやとってもらえないかもしれない……」

「でも、学校《がっこう》の先生《せんせい》になれないかなぁ」
ミャオは大好《だいす》きな国語《こくご》を教《おし》える先生になりたいのです。
「そのためには、もっと勉強《べんきょう》をしなくちゃね」

「でも本当《ほんとう》になれるかどうかわかりません」
夢を語《かた》るミャオ、
でもその両手《りょうて》はぎゅっと握《にぎ》り締《し》められていました。

もしも、あなたがミャオならどうしますか。

ルアンさんからのメッセージ

私《わたし》の所属団体《しょぞくだんたい》は1994年《ねん》からタイでエイズに関《かか》わる問題《もんだい》に積極的《せっきょくてき》に取《と》り組《く》んでいます。最近《さいきん》はHIV《エイチアイブイ》感染者《かんせんしゃ》グループのリーダーが自主的《じしゅてき》にグループ運営《うんえい》や活動《かつどう》を進《すす》められるようになりました。彼《かれ》らの活動を指導《しどう》する中《なか》で私はミャオを知《し》りました。

初《はじ》めて会《あ》ったとき、彼女《かのじょ》はエイズを発症《はっしょう》し、絶望《ぜつぼう》的で生《い》き抜《ぬ》くことに望《のぞ》みを持《も》っていませんでした。しかし、肉《にく》体《たい》的にも経済《けいざい》的にも弱《よわ》い立場《たちば》であるにもかかわらず、収入《しゅうにゅう》を得《え》ることや子《こ》ども会《かい》のリーダーとしてがんばることによって、困難《こんなん》を乗《の》り越《こ》えようと努力《どりょく》し、目標《もくひょう》に向《む》かって自分《じぶん》の人生《じんせい》を導《みちび》いていこうとするミャオの姿《すがた》は、私たちの心《こころ》をとらえて離《はな》しません。

ミャオのお話《はなし》は、希望《きぼう》が持《も》てず絶望的になっている日本《にほん》の子どもたち、世《せ》界中《かいじゅう》の子どもたちにぜひ読《よ》んでもらいたいのです。そして読んだ後《あと》、ほかの子どもたちも、それがどんなに困難なことであっても、自分の目標に向かって闘《たたか》っていく勇気《ゆうき》をもっと持てるようになると私は信《しん》じています。

このお話はまた、どんな問題にも打《う》ち克《か》つ家族《かぞく》の支《ささ》えの強《つよ》い力《ちから》を私たちに思《おも》い出《だ》させてくれることでしょう。

ソンバット・ムーンタ（通称《つうしょう》ルアンさん）
2005年国際研修参加者《こくさいけんしゅうさんかしゃ》。シェア＝国際保健協力市民《ほけんきょうりょくしみん》の会《かい》・タイ職員《しょくいん》

◆参考資料
『タイ仏教遊行』田村仁＝写真、星野龍夫＝文、佼成出版社、1989年
『東南アジアを知るシリーズ・タイの事典』石井米雄監修、同朋舎、1993年
『もっと知りタイ』（第2版）綾部恒雄・石井米雄編、弘文堂、1998年
『21世紀の平和を考えるシリーズ5　エイズ』大貫美佐子、ポプラ社、2004年
『地球の歩き方　タイ '06～'07』「地球の歩き方」編集室、ダイヤモンド・ビッグ社、2006年
ウィキペディアホームページ（タイの仏教　タイの歴史　タイ民族）　http://ja.wikipedia.org/
外務省ホームページ　http://www.mofa.go.jp/
在タイ日本国大使館ホームページ　http://www.th.emb-japan.go.jp/
シェアホームページ　http://share.or.jp/
JICA（タイ国エイズ予防・地域ケアネットワークプロジェクト）ホームページ　http://www.jica.go.jp
UNAIDSホームページ　http://www.unaids.org/en/

◆初出：アジアの子どもNo.43　アジア保健研修所（AHI）ニュース242号（2006年12月1日）

7章《しょう》

おいしいお米《こめ》のひけつはね・・・

—カンボジア・クモイン村《むら》から—

中国
日本
インド
フィリピン

カンボジアの歴史《れきし》

1世紀頃《せいきごろ》　カンボジア南部《なんぶ》に「扶南《ふなん》」国興《こくおこ》る。

802年《ねん》　ジャヤヴァルマン2世《せい》、アンコール王朝《おうちょう》（15世紀半《なか》ばまで）をひらく。

1863年　フランスの植民地支配始《しょくみんちしはいはじ》まる。

1941年　日本軍《にほんぐん》がカンボジアに進駐《しんちゅう》。

1953年　完全独立《かんぜんどくりつ》。**シアヌークが国家元首《こっかげんしゅ》に。**

1970年　アメリカの後《あと》おしでシアヌーク追放《ついほう》のクーデターをおこし、**ロン=ノルが政権《せいけん》をにぎる。**

1975年　ポル=ポト派《は》が政権をにぎり、カンボジアの悲劇《ひげき》（大虐殺《だいぎゃくさつ》）が始まる。

1979年　ベトナムの支援《しえん》で**ヘン=サムリン政権『カンボジア人民共和国《じんみんきょうわこく》』樹立《じゅりつ》。**
難民《なんみん》がタイ国境《こっきょう》へ。

1982年　ヘン=サムリンに対《たい》してシアヌーク派、ソンサン派、ポル=ポト派の3派《ぱ》による**連合《れんごう》政府成立《せいりつ》**。内戦《ないせん》が続《つづ》き大量《たいりょう》の地雷《じらい》が埋《う》められる。

1991年　**パリで和平協定《わへいきょうてい》が結《むす》ばれる。**

1992年　「国連《こくれん》カンボジア暫定統治機構《ざんていとうちきこう》」(UNTAC)が活動《かつどう》を始める。日本の自衛隊《じえいたい》も国連平和維持《へいわいじ》活動に参加《さんか》。

1993年　**総選挙《そうせんきょ》が行《おこな》われシアヌークが国王《こくおう》になり立憲君主制《りっけんくんしゅせい》となる。**（第一《だいいち》首相《しゅしょう》ラナリット、第二首相フン=セン）

1997年　ラナリット、フン=センが衝突《しょうとつ》、ラナリットは国外《こくがい》へ。

1998年　**総選挙が行われフン=センが首相に。**

ずいぶんと
国のあり方が
かわったんだね

アンコール・ワット

12世紀にたてられた寺院《じいん》。カンボジアの人々《ひとびと》が一生《いっしょう》に一度《いちど》は訪《おとず》れたいと願《ねが》っている遺跡《いせき》

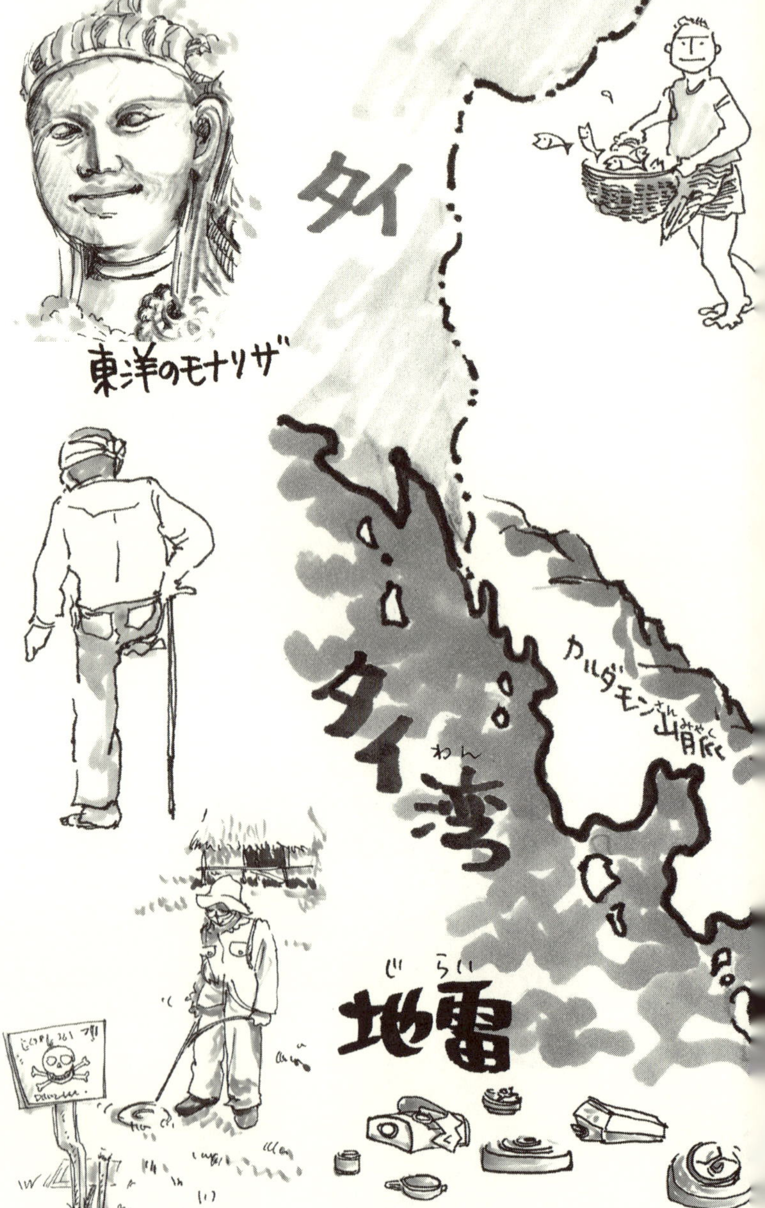
東洋のモナリザ
タイ
タイ湾《わん》
カルダモン山脈《さんみゃく》
地雷《じらい》

現在《げんざい》も400～600万個《まんこ》の地雷が埋《う》まっていると言《い》われています。約《やく》4万人の人が亡《な》くなったり、手足《てあし》を失《うしな》ったりしましたが、その約30%は子《こ》ども（18歳未満《さいみまん》）です。

カンボジアの悲劇《ひげき》（ポル＝ポトの大虐殺《だいぎゃくさつ》）

ポル＝ポトが国を治《おさ》めた４年間《かん》で、国民《こくみん》の３分《ぶん》の１の 200 ～ 300 万人もの人が死《し》んだといわれています。ポル＝ポトは、誰《だれ》もが「田畑《たはた》で働《はたら》くべきだ」として、都市《とし》に住《す》む人も無理《むり》やり農村《のうそん》で働かせました。また、知識人《ちしきじん》や政府に反抗《はんこう》する人を次々《つぎつぎ》と捕《つか》まえて殺《ころ》しました。中《なか》でも子どもは、親《おや》と別《べつ》に生活《せいかつ》させ、大人《おとな》を見張《みは》るように教育《きょういく》しました。

ラオス
ダンレク山脈
カンボジア
アンコール遺跡
トンレサップ湖
メコン川
トンレサップ川
クモイン村
プノンペン
バサック川
ベトナム
クロマー
（カンボジア特有の
万能手ぬぐい）

名物《めいぶつ》「シクロ」

国《こく》　名《めい》	カンボジア王国《おうこく》
面《めん》　積《せき》	18 万㎢（日本：38㎢、約 1/2）
人《じん》　口《こう》	約 1456 万人（日本：約 1 億《おく》 2729 万人）
人口密度《みつど》	59 人 /㎢（日本：332 人 /㎢）
首《しゅ》　都《と》	プノンペン
言《げん》　語《ご》	クメール語
宗《しゅう》　教《きょう》	上座部仏教《じょうざぶぶっきょう》 95%、その他《た》５％
通《つう》　貨《か》	リエル（100 リエル＝約２円《えん》）

人口は『世界子供白書特別版 2010』より

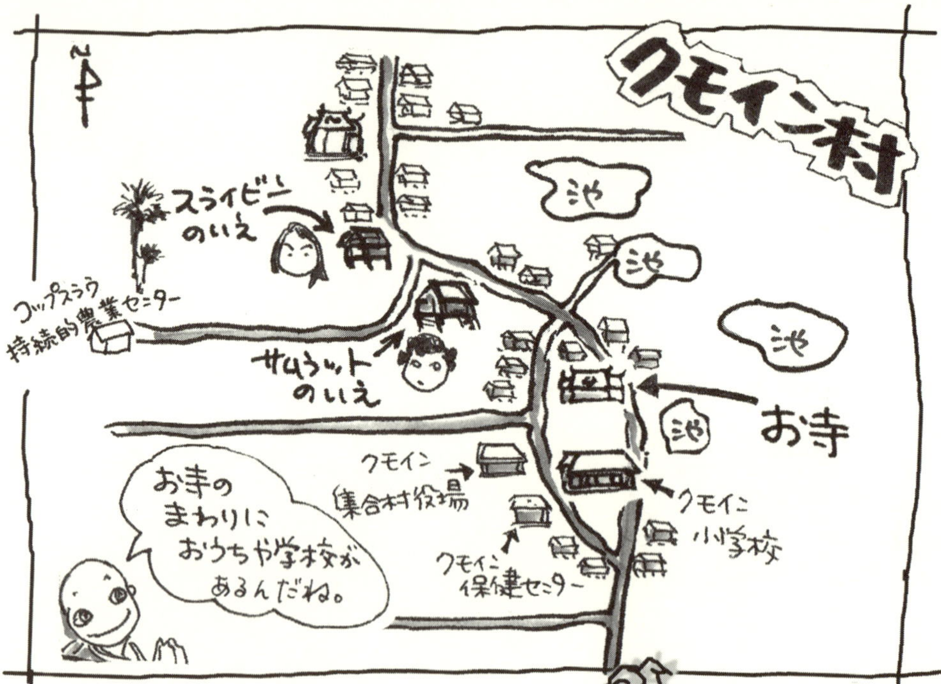
クモイン村
スライビー
のいえ
コップスラウ
持続的農業センター
サムラット
のいえ
池
池
池
池
お寺
クモイン
集合村役場
クモイン
小学校
クモイン
保健センター
お寺の
まわりに
おうちや学校が
あるんだね。

毎朝お坊さまが托鉢《たくはつ》に回ります
私たちはごはんやお金をささげます

クモイン小学校

校舎を建てる時はお坊さまと
お寺の世話役が中心になって
お金を集めます。困った時は
相談にのってくれます

お坊さまのお話を
みんなで聞きます

私《わたし》たちとお寺《てら》

お正月(4月中旬)やお寺のお祭りの
時にはみんなでおめかしをして行きます
お坊さまにごちそうを持っていきます

カンボジアの仏教

15 世紀頃《せいきごろ》、カンボジアにはタイから上座部仏教《じょうざぶぶっきょう》が伝《つた》わってきました。現在《げんざい》でも、特《とく》に農村《のうそん》の人《ひと》たちやお年寄《としよ》りは深《ふか》い信仰心《しんこうしん》を持《も》っています。今《いま》良《よ》い行《おこな》いをして徳《とく》をつめば、次《つぎ》に生《う》まれ変《か》わる時《とき》には、良い暮《く》らしができると信《しん》じています。特にお寺への贈《おく》り物《もの》（お金《かね》、食《た》べ物《もの》、袈裟《けさ》、生活用品《せいかつようひん》など）は大切《たいせつ》なこととされています。

内戦《ないせん》が続《つづ》いて国中《くにじゅう》が荒《あ》れ果《は》ててしまいましたが、貧《まず》しい村々《むらむら》でも多《おお》くの人たちが力《ちから》を合《あ》わせて何《なに》よりも先《さき》にお寺を建《た》て直《なお》しました。

きいてよ、私《わたし》のこと①

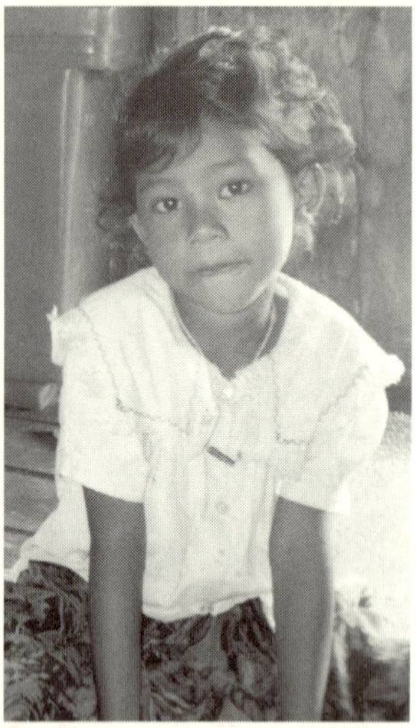

私の名前《なまえ》はサエ・カリー、８歳《さい》。
でもみんなはサムラットって呼《よ》ぶよ。
赤《あか》ちゃんの頃《ころ》は体《からだ》が弱《よわ》かったから、
青銅《せいどう》（サムラット）のように丈夫《じょうぶ》にって、
思《おも》ったんだって。

はなれて暮らす
お母さん
義理《ぎり》のおばさん
おばあちゃん
妹
お兄ちゃん

私がいっしょにいるのはおばあちゃんとおじさんとおばさん。
お母《かあ》さんと、お兄《にい》ちゃんと妹《いもうと》は近《ちか》くに住《す》んでいる。

小《ちい》さい頃、お父《とう》さんがどこかに行《い》っちゃって、体の弱いお母さん一人《ひとり》では子《こ》どもたちを育《そだ》てられないから、おばあちゃんに預《あず》けたんだって。

お兄ちゃんやお母さんとも
よく会《あ》えるけど、やっぱりさびしい。

カンボジアの家族《かぞく》

１家族５人《にん》から７人くらいでいっしょに暮《く》らしています。子どもたちが結婚《けっこん》する時には、親《おや》の土地《とち》を平等《びょうどう》に分《わ》けてもらって独立《どくりつ》します。一《いち》番末《ばんすえ》の女《おんな》の子は結婚しても家《いえ》に残《のこ》り、親といっしょに暮らすことが多《おお》いようです。いろいろな理由《りゆう》で子どもを育てられない場合《ばあい》は、親戚《しんせき》などが育てることも珍《めずら》しくありません。

農作業《のうさぎょう》は家族全員《かぞくぜんいん》で行《おこな》いますが、家の中《なか》のことや市場《いちば》に売《う》りに行《い》くことは女性《じょせい》の仕事《しごと》です。女《おんな》の子は男《おとこ》の子より家の手伝《てつだ》いが多く、下《した》の子の世話《せわ》や、家畜《かちく》の面倒《めんどう》をみたりして、学校《がっこう》へ行く時間《じかん》がなくなってしまうことがあります。

おばあちゃんは72歳。
昔《むかし》のこととか、何《なん》でも知《し》っていて、
いろんな話《はなし》をしてくれるよ。

「ポル＝ポトの時代《じだい》は、毎日草刈《まいにちくさか》りや牛《うし》の世話《せわ》、堤防《ていぼう》づくりをやらされて、学校《がっこう》もなかったよ。どれだけ働《はたら》いてもしゃびしゃびのお粥《かゆ》だけ。小《こ》さじ一杯《いっぱい》のお米《こめ》も入《はい》ってなかったよ。あんたは本当《ほんとう》に幸《しあわ》せだよ」

おばあちゃん自慢《じまん》の
↓自家製《じかせい》ソマリー米
おじさん
小学校《しょうがっこう》の先生《せんせい》をしてる

ゴムとび大好き!

今日《きょう》は7時《じ》から10時が授業《じゅぎょう》。
10時からの時《とき》も、2時からの時もあるよ。
教科書《きょうかしょ》は貸《か》してもらえるけど、あんまり
ボロボロだとちょっとやだな。

いっつもぎゅうぎゅうづめ

カンボジアの教育《きょういく》

ふつう6歳から学校へ行きますが、家が貧《まず》しかったり学校まで遠《とお》かったりして行かなくなる子もいます。入学《にゅうがく》しても、卒業《そつぎょう》するまで続《つづ》けられる子はわずかです。

ポル＝ポト時代に学校は要《い》らないものとされ、収容所《しゅうようじょ》や処刑場《しょけいじょう》となって、多くの教師《きょうし》も殺《ころ》されました。ポル＝ポト時代以後再《いごふたた》び教育が大事《だいじ》にされるようになりましたが、国《くに》の予算《よさん》が軍事費《ぐんじひ》に多く使《つか》われるため教育には十分《じゅうぶん》なお金《かね》がまわらないのが悩《なや》みです。そのため教室《きょうしつ》や教師の数《かず》も足《た》りず、給料《きゅうりょう》も少《すく》ないです。

きいてよ、私《わたし》のこと②

私の名前《なまえ》はスライビン、９歳《さい》です。

私のお父《とう》さんは農業《のうぎょう》センターで働《はたら》いているの。
センターの中《なか》でお米《こめ》やキュウリを作《つく》っているから、
お母《かあ》さんも、私もお手伝《てつだ》いするんだ。

床が高いから
洪水になっても大丈夫。
それに涼しいんだよ

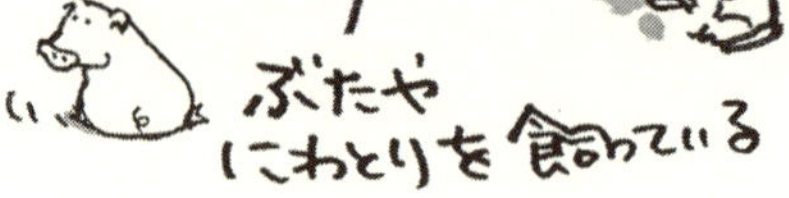
ぶたや
にわとりを 飼っている

学校《がっこう》で習《なら》った
「バナナを食《た》べたいウサギ」の話《はなし》が好《す》き。

「バナナを食べたいウサギ」

おばあさんは市場《いちば》でバナナを買《か》って、村《むら》でそれを売《う》ることを仕事《しごと》にしています。ウサギはおばあさんのバナナを食べたいと思《おも》い、道《みち》ばたで死《し》んだふりをしました。頭《あたま》の上《うえ》のかごにバナナを入《い》れたおばあさんはウサギを見《み》つけました。その肉《にく》を後《あと》で売ろうと思い、かごの中《なか》にひょいとウサギを入れて、また歩《ある》き出《だ》しました。ところが。村についてかごをおろしたおばあさんは、かごの中にバナナの皮《かわ》しか残《のこ》っていないのに気《き》がつきました。もう、市場でバナナを買うお金《かね》もありませんでした。

(これはウサギの知恵《ちえ》をたたえる話です)

大《おお》きくなったら、お百姓《ひゃくしょう》さんになりたい。
お米をいっぱい作って、みんながお腹《なか》いっぱい食べられるようにする。

カメにつけてある
魚のしおづけ。
乾期には重要なおかず

洗たく、ぶたやにわとりのエサやり…

屋根から
雨水をひく
ココナッツのカラで水くみ。

雨水を
ためるカメ。

お母さん　お父さん

お父さんの目《め》がはれて涙《なみだ》が止《と》まらないの。保健《ほけん》センターに行《い》ったけど、「わからない」って言《い》われて、がまんしていたら、顔中《かおじゅう》がはれてきちゃった。遠《とお》くの病院《びょういん》に目の先生《せんせい》がいるって聞《き》いたけど……

なわとび大好き！

カンボジアの保健

カンボジアの人々《ひとびと》が病気《びょうき》・ケガをした時《とき》にきちんとした治療《ちりょう》を受《う》けられるのは、都市《とし》に住《す》んでいる人やお金《かね》のある人たちに偏《かたよ》っています。農村《のうそん》にも保健センターがありますが、お医者《いしゃ》や医薬品《いやくひん》が十分《じゅうぶん》ではなく、機能《きのう》していないことがほとんどです。

9人《にん》に1人《ひとり》の赤《あか》ん坊《ぼう》が5歳の誕《たん》生日《じょうび》を迎《むか》える前《まえ》に、下痢《げり》や赤痢《せきり》、結核《けっかく》などが原因《げんいん》で亡《な》くなっています。最近《さいきん》はさらに「エイズ」による赤ん坊の死亡率《しぼうりつ》が高《たか》まっています。

私《わたし》たちのうちの農《のう》業《ぎょう》

うちで作《つく》った米《こめ》はおいしいよ！
有機《ゆうき》農業だと肥《こ》えた土地《とち》になっていくのさ。

化学肥料《かがくひりょう》を使《つか》った米と比《くら》べても、とれる量《りょう》も
変《か》わらないし、米づくりにお金《かね》がかからない。
家《いえ》の周《まわ》りにあるものを使ってできるからね。

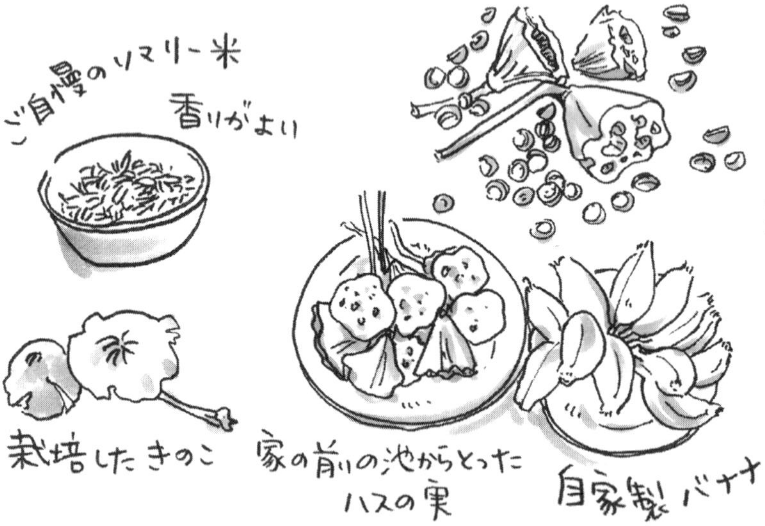
ご自慢のソマリー米
香りがよい
栽培したきのこ
家の前の池からとった
ハスの実
自家製バナナ

お母さんと田うえをする

牛《うし》のふんだけでなく、刈《か》った草《くさ》や
生《なま》ゴミなどをまぜて、堆肥《たいひ》を作る。
堆肥小屋《ごや》でねかせて、発酵《はっこう》させるんだ。

家のうらにサリンさんから
教えてもらった たいひ小屋をた
朝、牛ふんをこうしてひろって運ぶ
やしの葉の茎で
ひろう

農薬《のうやく》を使いすぎると水《みず》が飲《の》めなくなるんだって。
このあたりの水は大丈夫《だいじょうぶ》だよ。
なえ木が育つまで、動物から守る柵
苗木《なえぎ》の作り方《かた》、カシューや果物《くだもの》の木《き》の育《そだ》て方を
学《まな》んでおいてよかったよ。とても役《やく》にたっている。

カンボジアの農業は今《いま》…

政治《せいじ》が安定《あんてい》し平和《へいわ》を取《と》り戻《もど》したこと、人口《じんこう》が増《ふ》えたことなどによって、カンボジア農業は成長《せいちょう》してきました。

カンボジアの経済《けいざい》はその 43%を農業に頼《たよ》っていて、中《なか》でも米は耕作地《こうさくち》の約《やく》 90%で作られています。人口の約 85%が米作りをしています。

最近《さいきん》になって、売《う》るための作物《さくもつ》を作る人《ひと》の数《かず》が増《ふ》えてきました。たくさん作るために殺虫剤《さっちゅうざい》や化学肥料、農業機械《きかい》を使う人の数も増えてきています。こうした中、外国《がいこく》で使用《しよう》が禁止《きんし》された農薬を使ったり、農薬のまちがった使い方《かた》などにより、農民《のうみん》が病気《びょうき》にかかったり、環境《かんきょう》を破壊《はかい》するといった問題《もんだい》がおきてきています。

このページで紹介《しょうかい》されている、化学肥料や農薬を使わずに、動物《どうぶつ》のふんや腐《くさ》った葉《は》など自然《しぜん》のもののみを肥料として利用《りよう》した農業のことを有機《ゆうき》農業といいます。これは、今《いま》のカンボジア全体《ぜんたい》の中心的《ちゅうしんてき》な流《なが》れではなく、一部《いちぶ》で行《おこな》われている例《れい》です。

サリンさんからのメッセージ

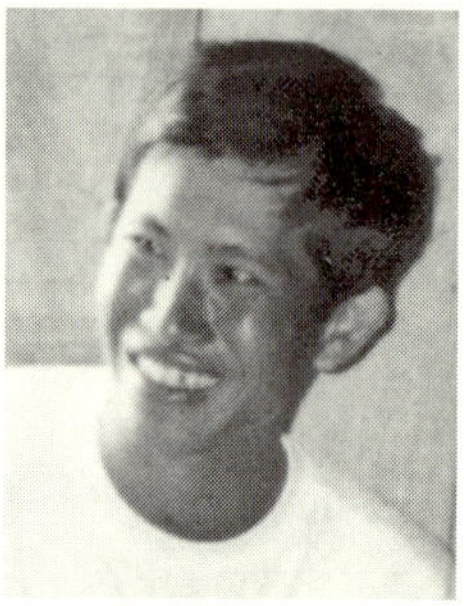

私《わたし》はコップスラウ持続《じぞく》的《てき》農業《のうぎょう》開発《かいはつ》センターで10年《ねん》にわたり、人々《ひとびと》の健康《けんこう》も環境《かんきょう》も壊《こわ》さない農業の考《かんが》え方《かた》とその方法《ほうほう》を広《ひろ》めています。地元《じもと》にあるものを活《い》かし、伝統的《でんとうてき》な農業方法《ほうほう》を基本《きほん》にして、簡単《かんたん》な技術《ぎじゅつ》を農民《のうみん》や帰《き》還《かん》した難民《なんみん》や、また戦争《せんそう》で体《からだ》が不自由《ふじゆう》になった人、兵隊《へいたい》をやめた人などに教《おし》えています。センターの近《ちか》くの農民が関心《かんしん》を持《も》ち、研修《けんしゅう》に参加《さんか》し、実際《じっさい》に応用《おうよう》するまでには、長《なが》い時間《じかん》がかかりました。今《いま》では多《おお》くの農民が化学肥《かがくひ》料《りょう》や農薬《のうやく》に頼《たよ》る農業の弊害《へいがい》を理解《りかい》し、彼《かれ》らの方《ほう》からセンターに堆肥《たいひ》づくり研修《けんしゅう》の要請《ようせい》をしてきます。

ここに紹介《しょうかい》した子《こ》どもたちと家族《かぞく》は、私たちの地域《ちいき》で有機《ゆうき》農業を実践《じっせん》し他《ほか》の村人にも広めている人たちです。私は子どもたちと活動《かつどう》するのがとても楽《たの》しい。小学校《しょうがっこう》で米《こめ》の在来種《ざいらいしゅ》の大切《たいせつ》さや環境保全《ほぜん》について教え、子どもたちが学校や村で果物《くだもの》の木《き》などを植《う》える指導《しどう》をしています。また、近くの学校からセンターに見学《けんがく》に来《き》て、実習《じっしゅう》することもあります。私たち大人《おとな》は、カンボジアの命《いのち》であり宝《たから》であるきれいな土地《とち》と環境を、次《つぎ》の世代《せだい》へ渡《わた》していく責任《せきにん》があるのです。

今はまだ限《かぎ》られた活動ですが、私はこのような農業は必《かなら》ずやカンボジア全体《ぜんたい》に広がると信《しん》じて続《つづ》けています。しかし、それを普及《ふきゅう》するセンターも人も、まだまだ足《た》りません。カンボジアにとって日本《にほん》は最大《さいだい》の援助国《えんじょこく》です。日本のみなさん、ぜひこのようなカンボジアの努力《どりょく》を支援《しえん》してください。

また、日本の中《なか》でも有機農業が広がっていくように願《ねが》っています。

イット・サリンさん。1993年国際《こくさい》研修参加者《さんかしゃ》。
コップスラウ持続的農業開発センター所長《しょちょう》。

◆参考資料

『もっと知りたいカンボジア』綾部恒雄・石井米雄編、弘文堂、1996年

『地球の歩き方　アンコール・ワットとカンボジア　'97～'98年度版』「地球の歩き方」編集室、ダイヤモンド・ビッグ社、1997年

『はじめてあうアジアの歴史（1）』歴史教育者協議会監修、あすなろ書房、1997年

『悪魔の兵器・地雷――地雷に生きるカンボジアの子供たち』名倉睦生＝文、小林正典＝写真、ポプラ社、1998年

"National Health Survey 1998," National Institute of Public Health Ministry of Health Cambodia

『カンボディア――開発途上国国別経済協力シリーズ【第2版】』財団法人国際協力推進協会、2000年

『カンボジアの教育協力――初等教育分野を中心に』社団法人シャンティ国際ボランティア会、2000年

『世界子供白書2000』ユニセフ、2000年

「2000年カンボジア支援国会合へのNGO声明」カンボジア協力委員会 (Cooperation Committee Cambodia)

◆初出：アジアの子どもNo.31　アジア保健研修所（AHI）ニュースNo.181（2000年12月1日発行）

8章《しょう》

森《もり》のくらし

―ラオス・ナカイヌア村《むら》から―

ປ່າໄມ້（森林）　ນາງສີ ບຸນເຮືອງ（シーブンファン－私の名前）

わたしはシーブンファン。13歳《さい》。
生《う》まれてからずっと、森《もり》といっしょにくらしてきた。
なぜかこのごろ、とうさんは森をながめて
じっと立《た》っていることがある。

わたしの家《いえ》は　森《もり》のそば
森の音《おと》がきこえてくる
風《かぜ》が吹《ふ》くと　木《き》の葉《は》がさわぐ

「ノッカチップ　ノッカチョー」と鳥《とり》の声《こえ》
ときには象《ぞう》の足音《あしおと》も

山猫
ピーの祠《ほこら》
このまわりの草や
木はとらない

大《おお》きな木にすむピー※が
森を守《まも》ってくれる

木も草《くさ》も　虫《むし》もけものも
そしてわたしも生《い》きている

（※ピー：精霊《せいれい》、たましい）

最近見つかった幻《まぼろし》の哺乳動物《ほにゅうどうぶつ》
サオラー
ひょう
象
しか
きのこ
たけのこ
薬草
ねずみ

ほしいものがあれば森《もり》に行《い》く
町《まち》の人《ひと》は市場《いちば》に行くというけれど

わたしたちは森へ行く
たべものをとりに森へ
薬草《やくそう》をとりに森へ

使《つか》う分《ぶん》だけとってくる

森の中の小川は 雨が少ない時でも
かれない

木《き》は雨《あめ》を貯《たくわ》える

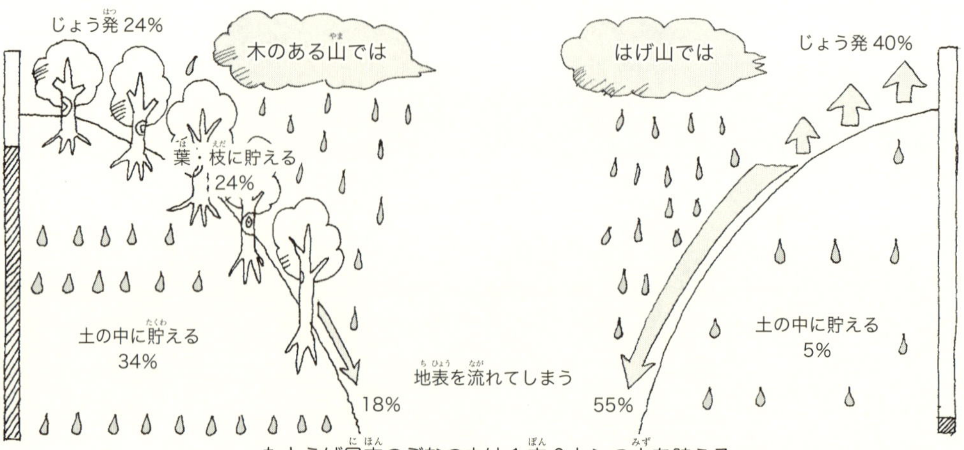

じょう発《はつ》24%
木のある山《やま》では
葉《は》・枝《えだ》に貯える
24%
土の中に貯《たくわ》える
34%
18%
地表《ちひょう》を流《なが》れてしまう
55%
はげ山では
じょう発 40%
土の中に貯える
5%

たとえば日本《にほん》のぶなの木は１本《ぽん》６トンの水《みず》を貯える

とうさんは、朝《あさ》まっさきに川《かわ》へ行《い》く
きのうしかけたあみを見《み》る
あっ、魚《さかな》がピチピチはねている
パークン、パーケー、パーソン
パーターレー
これは魚の名前《なまえ》
とうさんはもっともっと知《し》っている

わたしはいねかりが大好《だいす》き
ザザッ、ザザッとかまでかる

シーブンファンの一日

5時《じ》	起《お》きる
6	米《こめ》のもみをとる 水くみ(村《むら》には4つの井戸《いど》) そうじ
7	朝《あさ》ごはん　学校《がっこう》へ
8	
9	学校
10	
11	
12	一度《いちど》家《いえ》にもどる
1	また学校へ 食事《しょくじ》の用意《ようい》・食事
2	
3	学校
4	家へ帰《かえ》る
5	
6	
7	
8	寝《ね》る(日《ひ》の短《みじか》い乾季《かんき》)
9	寝る(日の長《なが》い雨季《うき》)

* 学校の休《やす》みの土《ど》・日《にち》は田畑《たはた》の仕事《しごと》や森での山菜《さんさい》・薬草とりなど
* 他《ほか》の村《むら》へ行ってタイのビデオを見せてもらうこともある

ごちそうは　森《もり》と川《かわ》と畑《はたけ》から

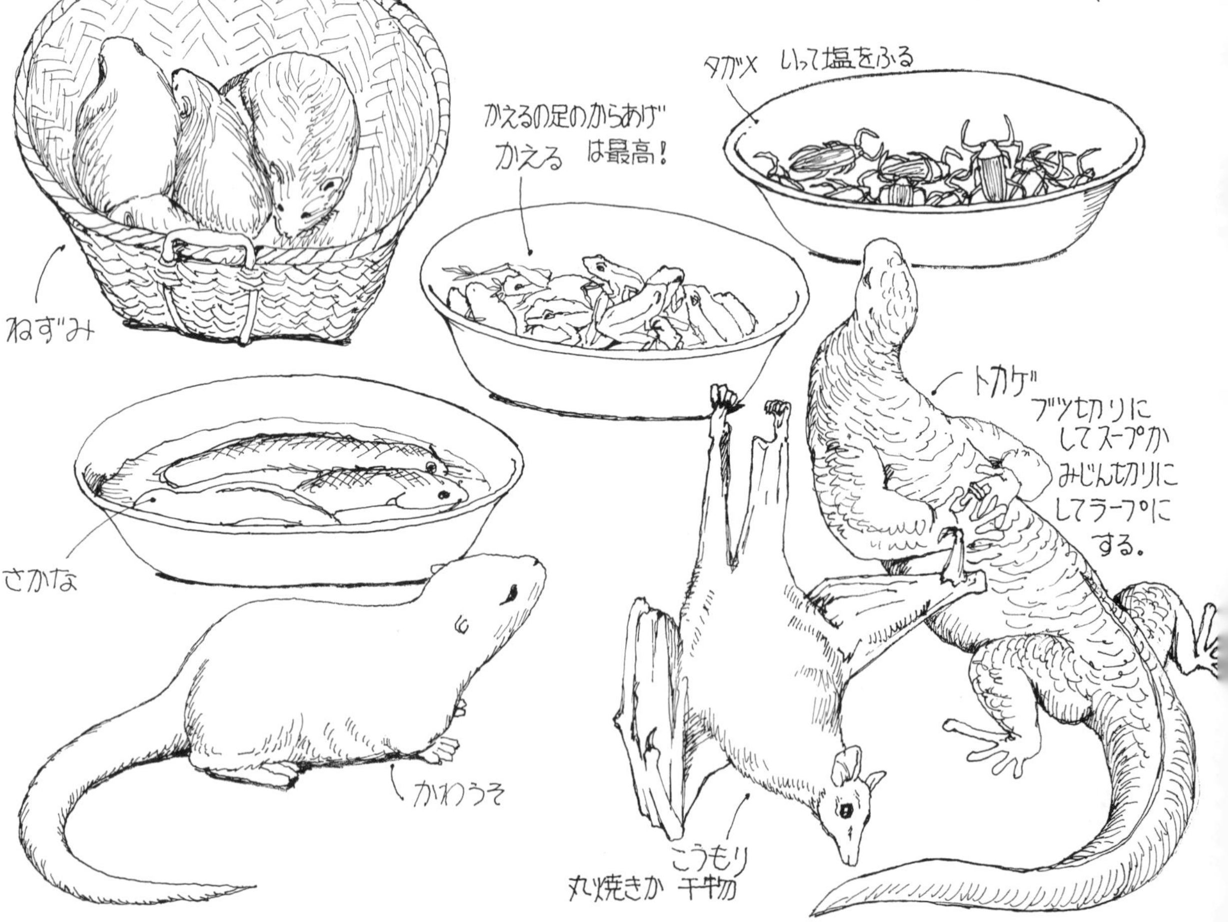

ねずみ
かえるの足のからあげ
かえる　は最高！
タガメ　いって塩をふる
さかな
トカゲ
ブツ切りにしてスープかみじん切りにしてラープにする。
かわうそ
こうもり
丸焼きか　干物

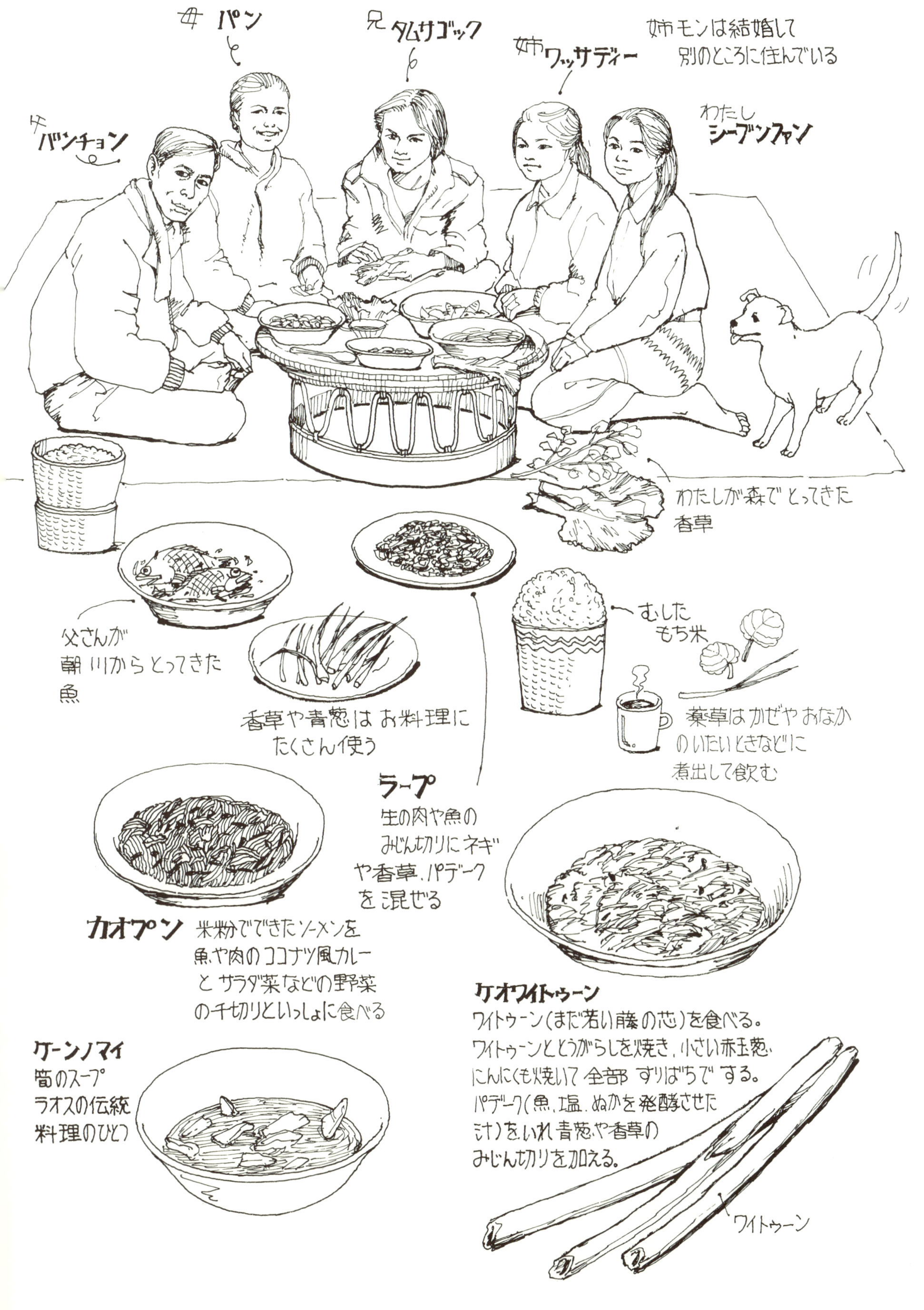
母 パン
兄 タムサゴック
姉 ワッサディー
姉モンは結婚して
別のところに住んでいる
父 バンチョン
わたし
シーブンファン
わたしが森でとってきた
香草
むした
もち米
父さんが
朝川からとってきた
魚
香草や青葱はお料理に
たくさん使う
薬草はかぜやおなか
のいたいときなどに
煮出して飲む
ラープ
生の肉や魚の
みじん切りにネギ
や香草、パデーク
を混ぜる
カオプン
米粉でできたソーメンを
魚や肉のココナツ風カレー
とサラダ菜などの野菜
の千切りといっしょに食べる
ケオワイトゥーン
ワイトゥーン(まだ若い藤の芯)を食べる。
ワイトゥーンととうがらしを焼き、小さい赤玉葱、
にんにくも焼いて全部すりばちでする。
パデーク(魚、塩、ぬかを発酵させた
汁)をいれ青葱や香草の
みじん切りを加える。
ケーンノマイ
筍のスープ
ラオスの伝統
料理のひとつ
ワイトゥーン

とうさんはなんでも作《つく》ってしまう
おじいさんもそうだったって
笛《ふえ》、かご、ござ、家《いえ》も
みんな森《もり》の木《き》で作る

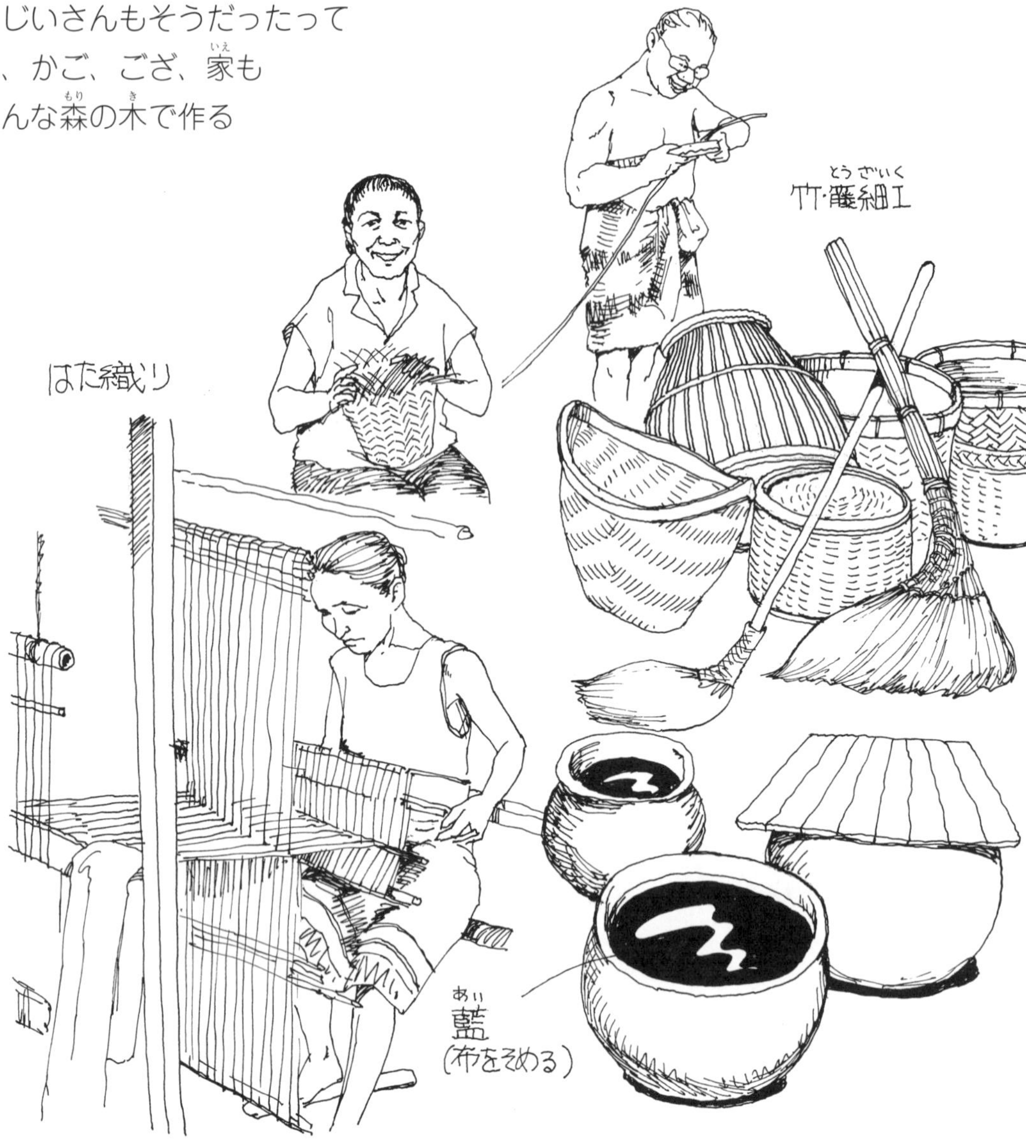
竹・籐細工《とうざいく》
はた織り
藍《あい》
（布をそめる）

ラオスという国《くに》

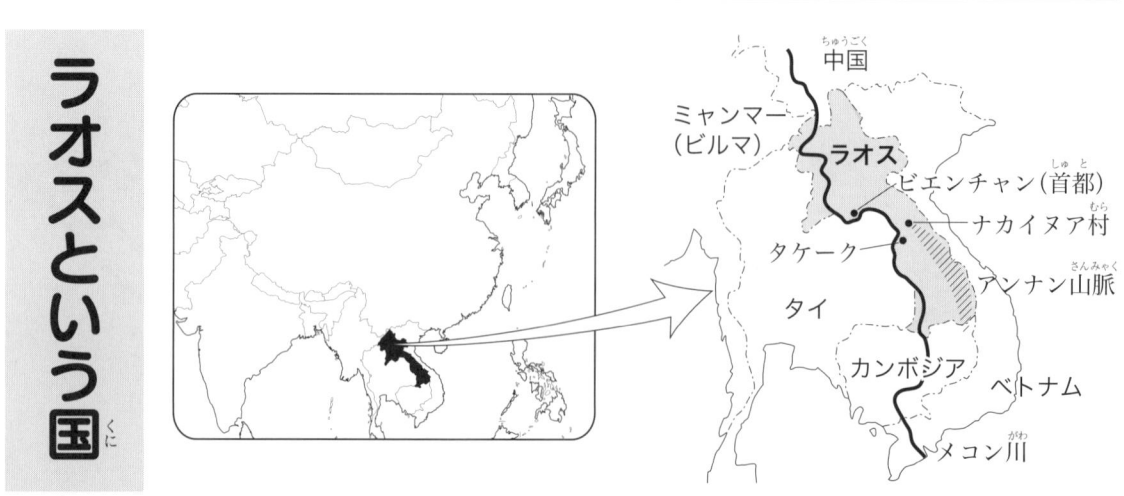

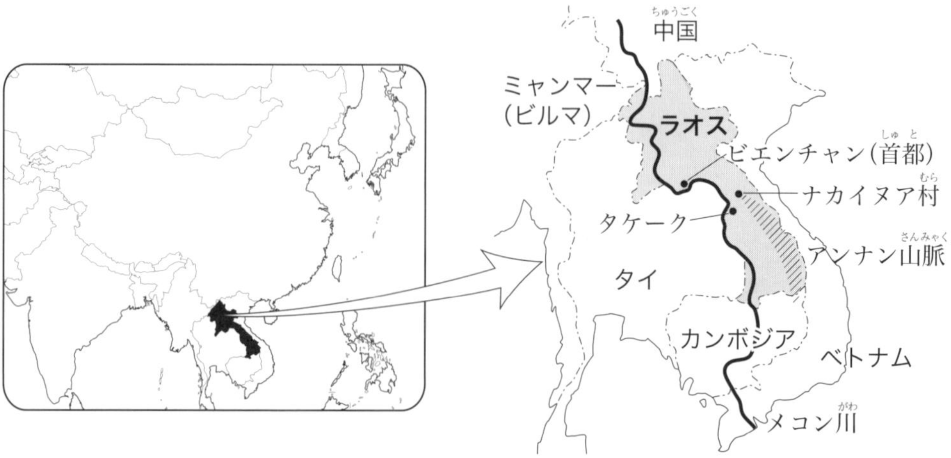
中国《ちゅうごく》
ミャンマー
（ビルマ）
ラオス
ビエンチャン（首都《しゅと》）
ナカイヌア村《むら》
タケーク
アンナン山脈《さんみゃく》
タイ
カンボジア
ベトナム
メコン川《がわ》

わたしはねえさんの店番《みせばん》を手伝《てつだ》っている
電池《でんち》、シャンプー、せっけん、かんづめ
うちで作ったカオプンも売《う》っている

「モンねえさんは　元気《げんき》かい」
「とうさんは　いそがしそうだね」
通《とお》りかかった人《ひと》が声《こえ》をかけていく

ໝົດທຸກຄົນ ພວກເຮົາ ເປັນໝູ່ກັນ
「モットコン・プアクハオ・ペンムーカン」
ぼくらはみんな ともだちだ
あいさつは
胸の前で
手をあわせる

ラオス人民民主共和国《じんみんみんしゅきょうわこく》
・広《ひろ》さは日本《にほん》の本州《ほんしゅう》とほぼ同《おな》じ
・人口約《じんこうやく》620万人《まんにん》（日本約1億《おく》2729万人）
（『世界子供白書特別版2010』より）
・北部《ほくぶ》・東部《とうぶ》はけわしい山地《さんち》
南《なん》東部のメコン川ぞいは低地《ていち》
・熱帯《ねったい》モンスーン気候《きこう》（5～10月《がつ》が雨季《うき》）
・国土《こくど》の3分《ぶん》の2が山岳地帯《さんがくちたい》（日本は3分の2が山地）
・農業国《のうぎょうこく》
・輸出品《ゆしゅつひん》は木材《もくざい》、衣料《いりょう》、電力《でんりょく》、オートバイなど（近年《きんねん》日本のオートバイ組立工場《くみたてこうじょう》ができた）
・鉄道《てつどう》はなく、主《おも》に道路《どうろ》とメコン川を使《つか》う
・森と水《みず》の豊富《ほうふ》なこの辺《あた》りは古《ふる》くから人が住《す》んでいた。14世紀《せいき》には王国《おうこく》ができたが、1893年《ねん》からフランスの植民地《しょくみんち》となり、1954年独立《どくりつ》国となった。その後《ご》、長《なが》い内戦《ないせん》のあと、1975年社会主義体制《しゃかいしゅぎたいせい》となったが、今《いま》は市場経済化《しじょうけいざいか》をすすめている

（1994年現在《げんざい》）

なにかあると、村《むら》じゅうで集《あつ》まる
とてもにぎやか

お別《わか》れのとき、お客《きゃく》さんをむかえるとき、
いいことがありますようにと
白《しろ》い糸《いと》をいくつも手首《てくび》にまいてあげる
一本《ぽん》はほどけるまでとらない

森《しん》林《りん》伐《ばっ》採《さい》とダム

ラオスはもともと国《くに》の 70%が深《ふか》い森におおわれていたが、ここ 30 年間《ねんかん》にどんどんなくなり、今《いま》は実際《じっさい》には森は半分以下《はんぶんいか》になったともいわれている。

国を南北《なんぼく》に流《なが》れるメコン川《がわ》とその支流《しりゅう》には、今後《こんご》10 年間に 80 ものダムを造《つく》る計画《けいかく》がある。ダムによる水力発電《すいりょくはつでん》は、ラオス国内《こくない》の使用《しよう》のためでなくタイに電力《でんりょく》を売《う》るためという。そのため森と共《とも》に生《い》きる多《おお》くの村人《むらびと》が、立《た》ちのきをせまられている。ナカイヌア村の近《ちか》くにも外国《がいこく》からお金《かね》を借《か》りてナムトゥン第《だい》2 ダムというラオスで最大級《さいだいきゅう》のダムを造る計画がある。予算《よさん》が足《た》りず、建設《けんせつ》のめどはたっていないのに、予定地《よていち》の伐採《ばっさい》はどんどん進《すす》んでいる。この伐採に日本《にほん》のいくつかの業者《ぎょうしゃ》が関《かか》わり、松《まつ》なども日本へ輸出《ゆしゅつ》されている。

でも

このごろ、よそのひとがやってきて
どんどん森《もり》の木《き》を切《き》っている
ダムができるらしい

森がなくなったら
わたしたちはどうなるの？

「森はわしらのいのちなんだ」
とうさんが森をながめてつぶやいた

◆バンチョンさんから◆

―シーブンファンのお父《とう》さん―

私《わたし》たちは森《もり》がなくなっては、生《い》きていけない。森からさまざまなものを分《わ》けてもらい、森や森に生きるものといっしょにくらしてきました。今《いま》、ダムに沈《しず》むといわれている私たちの森で、よそからきた伐採業者《ばっさいぎょうしゃ》が木《き》を切《き》り出《だ》しています。これまでは、涙《なみだ》をのんできましたが、今はしっかりと、私たちの気持《きも》ちを伝《つた》えたいと思《おも》っています。森は私たちの命《いのち》を守《まも》る大《たい》切《せつ》なもの。他人《たにん》がかってに、森の運命《うんめい》を決《き》めて、殺《ころ》すようなことをしてほしくありません。もし、ダムができて、森が小《ちい》さくなっても、私たちの大切な森を守っていきたいと心《こころ》から願《ねが》っています。

ナカイヌア村《むら》との出会《であ》い。小さな市場《いちば》や病院《びょういん》すらない。とてもきびしい生活《せいかつ》に見《み》えるのに、バンチョンたちは「便利《べんり》」という。お腹《なか》がすいても、病気《びょうき》になっても、森にいく。日本人《にほんじん》には、それが「貧《まず》しさ」と見えてしまう。でもこれが、村人《むらびと》の自慢《じまん》であり、誇《ほこ》りでもある。その村人の自慢の森が伐採で失《うしな》われて、たくさんの木が日本へも輸出《ゆしゅつ》されている。私たち日本人に、ナカイヌア村の誇りをこわす権利《けんり》があるのでしょうか。みなさんは、自分《じぶん》の大切なものを、知《し》らない人《ひと》にこわされたらどう思いますか。

◆赤坂《あかさか》むつみさんから◆

1995年国際研修参加者《ねんこくさいけんしゅうさんかしゃ》。ラオスのナカイヌア村でJVC（日本国際《こくさい》ボランティアセンター）の森林保全《しんりんほぜん》のプロジェクトを担当《たんとう》（'96年6月《がつ》まで）。

みんなで調《しら》べて話《はな》し合《あ》ってみよう

① 森がなくなったら　私たちのくらしはどうなるか。

② 日本では森がなくなりかけているところはあるか。

◆参考資料
『森林の明日を考える――自然享有権の確立をめざして』日本弁護士連合会公害対策・環境保全委員会編、有斐閣選書、1991年
「Traial & Error」1993.10.1952.2（JVC）
『ラオス国立銀行年次報告書』1994年
『世界子供白書1996』ユニセフ、1996年
『ラオスの暮らし』日本国際ボランティアセンター（JVC）
◆初出：アジアの子どもNo.23　アジア保健研修所（AHI）ニュースNo.141（1996年8月1日発行）

9 章《しょう》

ヒエップはだまっているけどね…

—“生《せい》命《めい》のゆりかご”ベトナム・カンジオから—

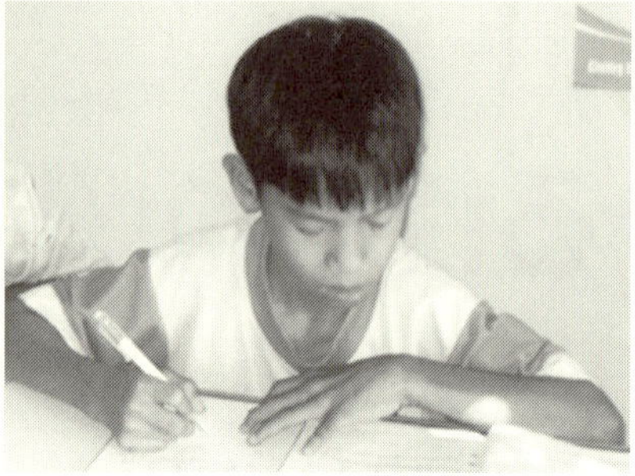

今日《きょう》もヒエップが絵《え》を描《か》く。
ヒエップがペンを走《はし》らせると、
新《あたら》しい命《いのち》が生《う》まれる。
ぼくたちは絵の上《うえ》で踊《おど》り始《はじ》める。

ほら、よく見《み》てごらん、
ぼくたちの姿《すがた》。
これは、ベトナムの秋《あき》のお祭《まつ》り
の様子《ようす》だ。

ヒエップの絵は最高《さいこう》だ。
毎年《まいとし》、ホーチミン市《し》で開《ひら》かれる
子《こ》ども絵画《かいが》コンテスト、
ヒエップの絵はこれまでに、
２回《かい》も入賞《にゅうしょう》したことがある。
１等賞《とうしょう》と４等賞。
ぼくたちは、ヒエップが将来《しょうらい》
絵描きになることを願《ねが》っている。

でも、ヒエップは生まれつき
体《からだ》が弱《よわ》い。
ヒエップは今《いま》、14歳《さい》。
１歳年下《としした》の妹《いもうと》トゥエンよりも、
ヒエップはうんと背《せ》が低《ひく》い。

何《なに》かにつかまっていないと、自分《じぶん》の足《あし》で
立《た》つことができない。
言葉《ことば》を話《はな》すことも、字《じ》を書《か》くことも苦手《にがて》だ。

だから、ぼくたちがヒエップにかわって、
彼《かれ》のことを紹介《しょうかい》しよう。
そして、ぼくたちの国《くに》ベトナムのことも……。

昔《むかし》、ぼくたちの国《くに》で大《おお》きな戦争《せんそう》があった。
1つのベトナムが、北《きた》と南《みなみ》の2つに分《わ》かれて戦《たたか》った。
200万人《まんにん》のベトナム人《じん》が殺《ころ》され、多《おお》くの外国《がいこく》人兵士《へいし》が犠牲《ぎせい》となった。

アメリカは800万人以上《いじょう》の兵隊《へいたい》をベトナムに派遣《はけん》した。
最新型《さいしんがた》の兵器《へいき》を使《つか》って、北ベトナムをやっつけようとした。
しかし、戦いは長引《ながび》き、作戦《さくせん》は思《おも》うように進《すす》まなかった。

北の兵士たちは、森《もり》や林《はやし》の中《なか》に潜《ひそ》んでいた。
そして、突然敵《とつぜんてき》に襲《おそ》いかかってくる。
アメリカは北の兵士たちの隠《かく》れ家《が》をうばうため、
森林《しんりん》に爆撃《ばくげき》を繰《く》り返《かえ》した。
そして、枯葉剤《かれはざい》という強《つよ》い毒薬《どくやく》をばらまいた。

マングローブ

海水《かいすい》にも耐《た》えられるようになった植物《しょくぶつ》の総称《そうしょう》で、河口《かこう》などに育《そだ》つ。ベトナム全土《ぜんど》では80種類《しゅるい》ほどある。

海《うみ》からの風《かぜ》や高潮《たかしお》から人々《ひとびと》の生活《せいかつ》を守《まも》り、エビやカニなどが育つ「生命《せいめい》のゆりかご」とされる。建材《けんざい》や屋根《やね》材に使《つか》われたり、炭《すみ》にされたものは南洋備長炭《なんようびんちょうたん》として、日本《にほん》でも売《う》られている。カンジオの4分《ぶん》の3はマングローブ林《りん》で、ホーチミンの肺《はい》と言《い》われる。

◆ベトナム戦争◆

1945年《ねん》日本軍《ぐん》の撤退直後《てったいちょくご》、インドシナ（ベトナム）共産党《きょうさんとう》ホー・チ・ミンは独立《どくりつ》を宣言《せんげん》、「ベトナム民主共和国《みんしゅきょうわこく》」が成立《せいりつ》する。しかし、19世紀末《せいきまつ》からベトナムを植民地《しょくみんち》としたフランスは再支配《さいしはい》を狙《ねら》い戦闘《せんとう》を開始《かいし》。54年から停戦協定会議《ていせんきょうていかいぎ》が始《はじ》められた結果《けっか》、南《なん》

ヒエップの故郷《こきょう》カンジオは、
最《もっと》もひどい攻撃《こうげき》を受《う》けた場所《ばしょ》の一《ひと》つ。
カンジオは川《かわ》がたくさん流《なが》れる
水《みず》の豊《ゆた》かな地域《ちいき》。
一面《いちめん》のマングローブの林が広《ひろ》がっていた。
しかし、枯葉剤のために緑《みどり》はすっかり
失《うしな》われてしまった。

当時《とうじ》、ヒエップのお母《かあ》さんは
幼《おさな》い子《こ》どもだった。
お母さんの家族《かぞく》が住《す》んでいた村《むら》にも、
たくさんの枯葉剤がまかれた。
そして、今《いま》からちょうど30年前《ねんまえ》、
やっと戦争は終《お》わった。
ヒエップのお母さんは3歳《さい》だった。

北分割統治《ぼくぶんかつとうち》の後《あと》に総選挙《そうせんきょ》を実施《じっし》し、統一《とういつ》を図《はか》ることが約束《やくそく》された。

しかしアメリカは、アジアにおける共産主義勢《しゅぎせい》力《りょく》の拡大《かくだい》を懸念《けねん》し、協定への調印《ちょういん》を拒否《きょひ》。さらに北側《きたがわ》の民主共和国政府《せいふ》に対抗《たいこう》し、55年南側《みなみがわ》の「ベトナム共和国」樹立《じゅりつ》を援助《えんじょ》した。南側政府は総選挙の推進《すいしん》を激《はげ》しく弾圧《だんあつ》。これに反発《はんぱつ》した北側では「南ベトナム解放戦線《かいほうせんせん》」が結成《けっせい》され、ソビエトや中国《ちゅうごく》の支援《しえん》を受《う》け、大規模《だいきぼ》な軍事衝突《ぐんじしょうとつ》に発展《はってん》した。

アメリカは15年間《ねんかん》におよぶ戦争で南側支援のため、のべ800万人以上の軍隊《ぐんたい》を派遣《はけん》するが、北の「解放軍」は68年テト（旧正月《きゅうしょうがつ》）攻勢《こうせい》によりアメリカ大使館《たいしかん》を占拠《せんきょ》、戦勝《せんしょう》を決定《けってい》づける。翌《よく》年から開始されたアメリカ軍の撤退《てったい》は73年に完《かん》了《りょう》。支援を失《うしな》った共和国政府は75年、無条件降《むじょうけんこう》伏《ふく》に応《おう》じた。

そして、戦争《せんそう》が終《お》わって16年《ねん》が経《た》ち、
お母《かあ》さんはヒエップを生《う》んだ。
ヒエップは、お母さんとお父《とう》さんにとって
初《はじ》めての子《こ》ども。
でも、生まれたときから手足《てあし》は細《ほそ》く、
心《こころ》と体《からだ》の成長《せいちょう》も遅《おく》れていた。
それに6歳《さい》になるまで、
毎日《まいにち》のように熱《ねつ》を出《だ》した。

ヒエップのように障《しょう》がいをもって生まれて
きた子どもたちが、カンジオだけでも、
現在《げんざい》300人以上《にんいじょう》もいる。
ヒエップの体の中《なか》では
今《いま》も枯葉剤《かれはざい》が戦争を続《つづ》けている。

しかし、ヒエップは負《ま》けない。
家族《かぞく》や大勢《おおぜい》の仲間《なかま》たちが彼《かれ》を守《まも》るための
努力《どりょく》を続けている。

枯《かれ》葉《は》剤《ざい》

枯葉剤には人体《じんたい》に悪影響《あくえいきょう》を及《およ》ぼすダイオキシンという猛《もう》毒《どく》が含《ふく》まれており、わずか1グラムでサル1400万匹《まんびき》が死《し》ぬという。ベトナムでは600キロものダイオキシンが含《ふく》まれた枯葉剤がまかれ、現在《げんざい》もなお影響を及ぼし続けている。

汚染《おせん》された水や食物《しょくもつ》を摂《と》った兵士《へいし》・民間人《みんかんじん》が死亡《しぼう》あるいは身体《しんたい》に障《しょう》がいを持《も》った。またベト・ドクの双子《ふたご》で知《し》られる二重胎児《にじゅうたいじ》、無脳症《むのうしょう》、体の一《いち》部分《ぶぶん》が欠《か》ける障がいを持つ子どもが続々《ぞくぞく》と生まれた。これは戦後《せんご》生まれの第二世代《だいにせだい》から生まれた子どもに多《おお》く見《み》られる。

今現在の枯葉剤による被害《ひがい》者《しゃ》は、ベトナム全体《ぜんたい》で300

ヒエップの家族は、海岸近《かいがんちか》くの貧《まず》しい村《むら》に暮《く》らしている。
ヒエップのお父さんは漁師《りょうし》。
船《ふね》の持《も》ち主《ぬし》に雇《やと》われて魚《さかな》をとる。
でも、漁師の仕事《しごと》があるのは１カ月《げつ》のうち半分《はんぶん》ほど。
漁《りょう》のないときは、日雇《ひやと》いの仕事を探《さが》す。
家《いえ》の修理《しゅうり》や近所《きんじょ》の沼地《ぬまち》での蟹《かに》とり、なんでもする。

お母さんは、いつもヒエップや家族の世話《せわ》で忙《いそが》しい。
一番下《いちばんした》の弟《おとうと》、タイは、１歳にならない赤《あか》ん坊《ぼう》。
だから、妹《いもうと》トゥエンもお母さんを助《たす》けてよく働《はたら》く。
ヒエップの水浴《みずあ》びや、洗濯《せんたく》、掃除《そうじ》。
今でもヒエップが熱を出すと、家事《かじ》はすべてトゥエンの仕事だ。

万～400万人、うち半分は子どもである。

アメリカでは、枯葉剤を作《つく》った製薬会社《せいやくがいしゃ》は、被害を受《う》けた国内《こくない》の帰還兵《きかんへい》に補償基金《ほしょうききん》を支払《しはら》うことを約束《やくそく》した。

不《ふ》発《はつ》弾《だん》

アメリカ軍《ぐん》がベトナムで使用《しよう》した総爆弾量《そうばくだんりょう》は1127万トン。これは第２次世界大戦《じせかいたいせん》の約《やく》２倍《ばい》、沖縄戦《おきなわせん》で使《し》用《よう》した20万トンの56倍にもなる。沖縄に埋《う》まっている不発弾の割合《わりあい》は推定《すいてい》0.5%といわれるが、ベトナムにはどのくらいの不発弾があるのか統計《とうけい》も取《と》れていない。

不発弾による犠牲者《ぎせいしゃ》は現在も後《あと》を絶《た》たずその被害は高《こう》齢層《れいそう》から若年《じゃくねん》層にまでおよぶ。

お母《かあ》さんは毎日《まいにち》、ヒエップを「学校《がっこう》」へ送《おく》る。ヒエップの「学校」は、リハビリテーションセンター。
ヒエップはここで絵《え》を描《か》いたり、歩《ある》く訓練《くんれん》をしたり、将来《しょうらい》、働《はたら》けるようになるための勉強《べんきょう》をする。

ヒエップがセンターに通《かよ》い始《はじ》めたのは８歳《さい》のとき。
それまでは、まったく歩けなかったけれど、手《て》すりにつかまって少《すこ》しずつ進《すす》むことができるようになった。

カンジオリハビリテーションセンター

ここでは障《しょう》がいのある子どもたちが、理学療法《りがくりょうほう》によるトレーニングを受《う》けながら、幼稚園《ようちえん》および小学校《しょうがっこう》２学年《がくねん》までの内容《ないよう》の学習《がくしゅう》をする。ベトナム語《ご》の発音《はつおん》、言葉《ことば》の使《つか》い方《かた》、読《よ》み書《か》き、お話《はなし》、算数《さんすう》(簡単《かんたん》な足《た》し算《ざん》、引《ひ》き算)、図画《ずが》、音楽《おんがく》、環境《かんきょう》学習、礼儀作法《れいぎさほう》、食事《しょくじ》の仕方《しかた》、トイレの使い方、それに体《からだ》を動《うご》かす訓練などがそれぞれの子どもに合《あ》わせて、特別《とくべつ》な授業計画《じゅぎょうけいかく》で進められる。現在《げんざい》、３歳から18歳までの43人《にん》(男子《だんし》31、女子《じょし》12) が指導《しどう》を受けている。幼児向《ようじむ》け１、聴覚《ちょうかく》障がい１、知的《ちてき》障がい４の６クラスがあり、７人の女性教師《じょせいきょうし》が指導にあたっている。

今《いま》では、手押《お》し車《ぐるま》があれば
家《いえ》の外《そと》にも出《で》られるようになった。

センターの人《ひと》たちも、ヒエップの絵が大好《だいす》きだ。
子《こ》ども絵画《かいが》コンテストにヒエップの作品《さくひん》を送ったのもこの人たち。
入賞《にゅうしょう》の知《し》らせが届《とど》いたときには、
みんなが自分《じぶん》のことのように喜《よろこ》んだ。
センターの人たちは、ヒエップの絵を
世界中《せかいじゅう》の人たちに見《み》せてあげたいと思《おも》っているんだ。

カンジオ社会《しゃかい》センター

1986年に設立《せつりつ》され、この地域《ちいき》の、教育《きょういく》、保《ほ》健《けん》、経済開発《けいざいかいはつ》のためのさまざまな活動《かつどう》を行《おこな》っている。教育面《めん》では、通学《つうがく》できない地域に住《す》む生徒《せいと》たちに宿泊施設《しゅくはくしせつ》、奨学制度《しょうがくせいど》を提供《ていきょう》、地域の若者《わかもの》のために3つの職業《しょくぎょう》訓練学校を設《もう》け、大工仕事《だいくしごと》、機《き》械《かい》、縫製《ほうせい》、理容《りよう》、情報《じょうほう》の技能《ぎのう》を習得《しゅうとく》できる機会《きかい》を与《あた》えている。保健面《ほけんめん》では、リハビリテーションセンターのほかに、老齢《ろうれい》のホームレスのための施設や、心臓手術《しんぞうしゅじゅつ》プログラム、移動医療《いどういりょう》サービス、医《い》療船《りょうせん》プログラムなどがある。経済開発の面では、魚醤《ぎょしょう》（ヌックマム）作《づく》りの講習《こうしゅう》を行ったり、造船《ぞうせん》所《じょ》を持ち、船造《ふねづく》りや修理《しゅうり》などの仕事を地域住民《じゅうみん》に提供《ていきょう》している。

カンジオのマングローブの林《はやし》には緑《みどり》がよみがえった。
もうすぐこの近《ちか》くにも、大《おお》きな漁港《ぎょこう》や工場《こうじょう》、
それに立派《りっぱ》な道路《どうろ》も引《ひ》かれるらしい。
ベトナムは少《すこ》しずつ豊《ゆた》かさを手《て》に入《い》れている。

でも、ヒエップの戦争《せんそう》はまだ終《お》わってはいない。
戦争で傷《きず》ついたヒエップを一人《ひとり》ぼっちにするのなら、
ぼくらの心《こころ》は戦争の頃《ころ》と同《おな》じ。
たとえ豊かになっても、心は荒《あ》れ果《は》て、
緑は奪《うば》われたままだ。

ぼくたちは、ヒエップを守《まも》るために力《ちから》を
合《あ》わせる。彼《かれ》がいてくれるおかげで、
一つになることができる。
ヒエップは、みんながいっしょに平和《へいわ》を
築《きづ》くための力を
与《あた》えてくれる。

首《しゅ》　都《と》：ハノイ
面《めん》　積《せき》：約《やく》33万《まん》km^2
人《じん》　口《こう》：約8709万人《にん》（『世界子供白書
特別版2010』より）
公用《こうよう》語《ご》：ベトナム語

◆ベトナムの歴史《れきし》◆

前《ぜん》207年	中国南部《ちゅうごくなんぶ》からベトナム北《ほく》部にかけて、南越国成立《なんえつこくせいりつ》
前111年	中国・漢《かん》の武帝《ぶてい》が南越国を征服《せいふく》、以《い》後《ご》約1000年間《かん》、中国の支配下《しはいか》
2世紀《せいき》	ベトナム南部にブナム（扶南）王国《おうこく》成立（～7世紀）
192年	ベトナム中部《ちゅうぶ》にラムアップ（林邑）国成立（7世紀以降《いこう》はチャンパ王国と呼《よ》ぶ。1471年滅亡《めつぼう》）
938年	ゴ・クエン（呉権）が南漢軍《なんかんぐん》を破《やぶ》り、中国支配から解放《かいほう》
1009年	リ（李）朝《ちょう》が成立、翌年首都《よくねんしゅと》をタンロン（現在《げんざい》のハノイ）に置《お》く
1225年	チャン（陳）朝が成立
1400年	ホー（胡）朝が成立
1407年	中国・明《みん》に支配される
1428年	レー・ロイ（黎利）が明を破り、レー（黎）朝を開《ひら》く。国号《こくごう》を大越《ダイヴェト》に
1558年	北部はチン（鄭）朝、南部はグエン（阮）朝に分裂《ぶんれつ》して対立《たいりつ》
1802年	グエン・フック・アイン（阮福映）が南北統一《なんぼくとういつ》、グエン朝成立。首都はフエ
1804年	国名《こくめい》をベトナム（越南）とする。現在のベトナム全土《ぜんど》を初《はじ》めて統一《とういつ》
1858年	フランスの侵略始《しんりゃくはじ》まる
1883年	フランスの保護国《ほごこく》となる（実質的《じっしつてき》な植民地化《しょくみんちか》）
1940年	日本《にほん》軍が北部へ進駐《しんちゅう》・第《だい》2次世界大《じせかいたい》戦勃発《せんぼっぱつ》（1939～45年） ※この間《かん》は106～107ページのベトナム戦争の記述《きじゅつ》を参照《さんしょう》
1976年	南北統一、ベトナム社会主義共和国《しゃかいしゅぎきょうわこく》成立。サイゴンがホーチミンに改名《かいめい》
1978～79年	無理《むり》な南部社会主義化により難民《なんみん》の国外大量流出《こくがいたいりょうりゅうしゅつ》（ボートピープル）
1986年	ドイモイ政策《せいさく》（経済《けいざい》の立《た》てなおし）開始《かいし》
1995年	ASEAN（東南《とうなん》アジア諸国連合《しょこくれんごう》）に正《せい》式加盟《しきかめい》、アメリカとの外交回復《がいこうかいふく》

最後《さいご》に、ヒエップの名前《なまえ》の意味《いみ》を
教《おし》えてあげる。
ヒエップは、「団結《だんけつ》」「調和《ちょうわ》」を
意味するんだ。

ぼくたちは一つの輪《わ》になって踊《おど》り続《つづ》ける。お祭《まつ》りの行列《ぎょうれつ》の中《なか》でヒエップがぼくらに微笑《ほほえ》みかける。

このヒエップの笑顔《えがお》がいつまでも続くように、そして、この踊りの輪がもっと大きく広《ひろ》がるようにと、ぼくらは祈《いの》る。

トンさんからのメッセージ

ベトナムのカンジオからこんにちは！
美《うつく》しい桜《さくら》の花《はな》の咲《さ》く日本《にほん》のみなさん、
元気《げんき》に暮《く》らしていますか？

私《わたし》は日本の軍隊《ぐんたい》が撤退《てったい》し、フランス軍が戻《もど》ってきた1946年《ねん》に生《う》まれました。戦闘地《せんとうち》から離《はな》れた町《まち》で、小学校《しょうがっこう》に通《かよ》い、穏《おだ》やかに暮らしていましたが、1954年にアメリカ軍の関係者《かんけいしゃ》が来《き》てからは、国《くに》が2つに分断《ぶんだん》されてしまいました。

試験《しけん》のために大《おお》きな都市《とし》に出《で》る時《とき》は、地雷《じらい》を避《さ》けるために飛行機《ひこうき》で移動《いどう》しなければなりませんでしたし、大学生《だいがくせい》の時は、戦争《せんそう》に巻《ま》き込《こ》まれて避難《ひなん》してきた人《ひと》を助《たす》けるために、勉強《べんきょう》は何度《なんど》も中断《ちゅうだん》するしかありませんでした。

そういった経験《けいけん》から、私はより大変《たいへん》な状況《じょうきょう》にある人たちと「生命《せいめい》を分《わ》かち合《あ》う」ことを、自分《じぶん》の仕事《しごと》にしようと心《こころ》に決《き》めたのです。

これまで貧《まず》しい学生《がくせい》に勉強を教《おし》えたり、高地《こうち》に住《す》む少数民族《しょうすうみんぞく》の人たちの生活改善《せいかつかいぜん》に取《と》り組《く》んだりしました。ベトナム戦争が終《お》わった後《あと》は、国家《こっか》の事業《じぎょう》として、農民《のうみん》となり、山岳地帯《さんがくちたい》でお米《こめ》やコーヒーの木《き》を栽培《さいばい》する農業組合《のうぎょうくみあい》の代表《だいひょう》をしたこともあります。

そして戦後《せんご》30年たちました。しかし戦争は今《いま》も環境《かんきょう》と人々の健康《けんこう》に大きな影響《えいきょう》をおよぼしています。そのために私はダイオキシンが最《もっと》も多《おお》くまかれた地域《ちいき》の一《ひと》つであるカンジオで、現在《げんざい》の活動《かつどう》をするようになりました。

ヒエップのように障《しょう》がいを持《も》つ人たちの、一人《ひとり》ひとりが抱《かか》えている困難《こんなん》を、私たちみんなで支《ささ》えていきたいと思《おも》います。

みなさんも子《こ》どもの時は人生《じんせい》の中《なか》で一番《いちばん》幸《しあわ》せな時であるべきだと思いませんか？

トン・ヴィエット・ヒエップ
2004年国際研修参加者《こくさいけんしゅうさんかしゃ》。カンジオ社会《しゃかい》センター副代表《ふくだいひょう》

◆参考資料
『もっと知りたいベトナム』桜井由躬雄編、弘文堂、1989年
『ベトナムの事典』石井米雄監修、同朋舎、1997年
『トラベルストーリー　ホーチミン・アンコールワット』昭文社、2004年
『これならわかるベトナムの歴史Q＆A』三橋広夫、大月書店、2005年
『ベトナム戦争と平和』石川文洋、岩波新書、2005年
外務省ホームページ　http://www.mofa.go.jp
独立行政法人環境再生保全機構ホームページ　http://www.erca.go.jp
ベトナム文化紀行ホームページ　http://homepage1.nifty.com/Cafe_Saigon/03a2.htm
◆初出：アジアの子どもNo.41　アジア保健研修所（AHI）ニュースNo.232（2005年12月1日発行）

10章《しょう》

なが――い家《いえ》のみじかい休《きゅう》日《じつ》

―東《ひがし》マレーシア・サラワクの森《もり》で―

もうすぐお祭《まつ》り。
学《がっ》校《こう》は今日《きょう》からお休《やす》み。
サディアは家に帰《かえ》れる。
いつもは学校の寮《りょう》にいるので
月《つき》に２回《かい》しか家に帰れない。

「イーンナーイ《かあさーん》！」

あ、サディアが手《て》をふっている。
やっと家《いえ》についた。

発電機
まちへも
学校へも
このボートで
このごろ水が
にごってきた
みんな水あびが大好き

※ここでは、小学生《しょうがくせい》・中《ちゅう》学生は学校《がっこう》の寮《りょう》に入《はい》っている。

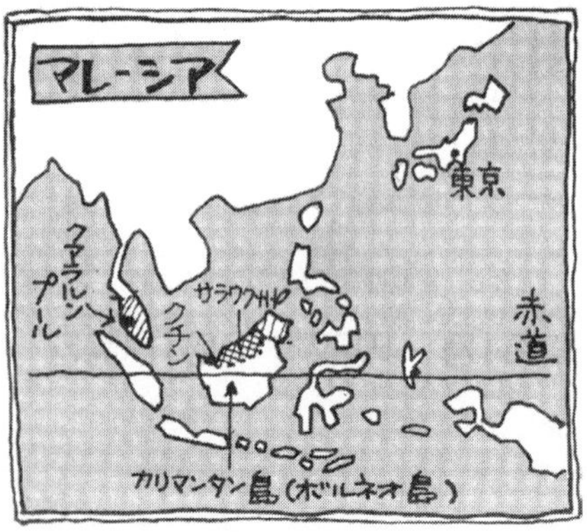

マレーシア
東京
クアラルンプール
サラワク州
クチン
赤道
カリマンタン島(ボルネオ島)

イバン族《ぞく》の人《ひと》びと

カリマンタン島《とう》（ボルネオ島）の先住民《せんじゅうみん》の一《ひと》つで、現在《げんざい》サラワク州《しゅう》に約《やく》40万人《まんにん》が住《す》んでいる。古《ふる》くから豊《ゆた》かな熱帯林《ねったいりん》の中《なか》で、部族《ぶぞく》のきまりに従《したが》って生活《せいかつ》してきた。1軒《けん》の高床式長屋《たかゆかしきながや》（ルマ・バンジャイ）に、最《さい》大《だい》50家族が住み、一つの村《むら》のような形《かたち》を作《つく》っている。各《かく》家族は独立《どくりつ》して生活するが、たとえば親《おや》のいない子《こ》どもは、みんなで育《そだ》てるなど助《たす》け合《あ》って暮《く》らしている。長屋の長《おさ》は1家族1票《ぴょう》の投票《とうひょう》による選挙《せんきょ》で決《き》められる。1カ月《げつ》に1度《ど》全《ぜん》家族が集《あつ》まり、作物《さくもつ》の植《う》えつけ、家の修理《しゅうり》、行事《ぎょうじ》などさまざまなことを話《はな》し合《あ》って決める。

川《かわ》べりのこの家《いえ》には24家族《かぞく》118人《にん》が暮《く》らしている。このながーい家をルマ・パンジャイという。イバンの人《ひと》たちは、もうずっとむかしから、こうして熱帯《ねったい》のジャングルで生《い》きてきた。

かたい木をうすくわった
木のかわらで、くさりにくく
すずしい。
このごろは よくトタンが
つかわれる。
雨水を
ためる
タンク

サラワク州の歴史《れきし》

サラワクのニアの洞窟《どうくつ》では、約4万年前《ねんまえ》の人骨《じんこつ》が見《み》つかっており、古《ふる》くから人の住む地《ち》であった。早《はや》くから中国商人《ちゅうごくしょうにん》（華僑《かきょう》）、イスラムの商人などが進出《しんしゅつ》してきた。1841年イギリス人ブルックが王《おう》となり、1942年には日本軍《にほんぐん》に占領《せんりょう》されたが、第《だい》2次世界大戦後《じせかいたいせんご》イギリスの植民地《しょくみんち》となり、1963年マレーシア独立時《どくりつじ》にその1州となる。

首都《しゅと》クアラルンプールのある西《にし》マレーシアが政治経済《せいじけいざい》の中心《ちゅうしん》となっている。東《ひがし》マレーシア・サラワク州ではマレー系《けい》や中国系の人々《ひとびと》の力《ちから》が強《つよ》く、人口《じんこう》が多《おお》いにもかかわらず先住民の声《こえ》は、州政府《せいふ》に届《とど》きにくい。

マレーシアと日本《にほん》をくらべる（およその数《かず》で）

	マレーシア	日本
面　積	33万 km^2	38万 km^2
人　口	2701万人	1億2729万人

人口はユニセフ『世界子供白書特別版 2010』による

	クアラルンプール	東京
降水量 年間	2300mm サラワク州都クチンは約2倍	1400mm
気　温 年平均	27℃	16℃

丸善『理科年表 1997年版』による

サディアの家族《かぞく》は６人《にん》。テレビがあるので
みんなが集《あつ》まってくる。

屋根うら
ひまわり
かぼちゃ
のたね
マレー語の
ドラエモン
くれよんしんちゃん
ここでも大人気
こしょうを干す
緑→赤→黒
と色がかわる
ごはんと米ぬかと
水をまぜた
もの

「イネの神様、どうぞここでおやすみ下さい。」といっておさめる
トイレ
サディアの家
台所
ねるへや
居間
リング送り
ひもにリングを通してまわし、だれの手にあるかあてる
上から見ると
ルマ・パンジャイ
野菜畑
家ちく小屋
うら庭へ
トイレ
台所
ねるへや
居間
ろうか
月1回の集まりや結婚式などもここでおこなう
15m
127m

サディアは、ルマ・パンジャイの一《いち》日《にち》をゆっくりすごした。

コックロー
ククッ
コッククロー
ク〜ッ!!
きょうは何をたべよう
マカーイ
マカーイ!!
(ごはんよ〜!)
畑でとれたごちそう
ドリア
タケノコ
キャッサバの
葉の塩ゆで
とうもろこし
森の
一年前畑だった所
木を切って
木を切
動物
今年畑にする所
前に焼いた所にもうこんなに木がはえた。
こんど畑にする場所を見にいく
おやもう日がくれた
竹づに米をいれてたいたごはんが、腹もちがよい

斜面《しゃめん》、やせた土地《とち》、うすい表土《ひょうど》、はげしい雨《あめ》などのため、ここでは毎年同《まいとしおな》じ土地で畑作《はたさく》をすることができない。木《き》を焼《や》いた灰《はい》を養《よう》分《ぶん》にして、1年《ねん》、畑作（陸稲《りくとう》、とうもろこしなど）をした後《あと》は、木が再《ふたた》び育《そだ》つのを待《ま》って、数年後《すうねんご》、また焼いて畑《はたけ》として使《つか》う。

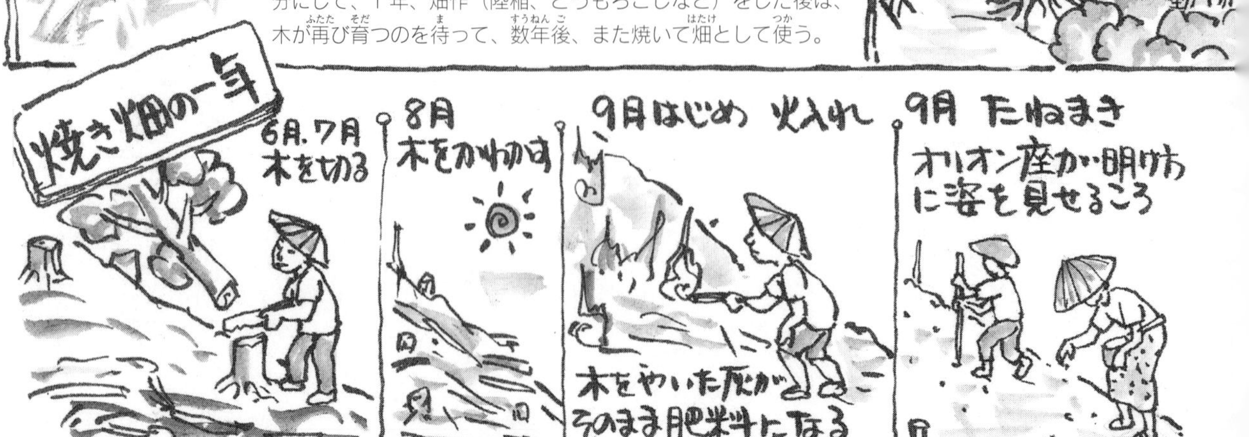
焼き畑の一年
6月.7月
木を切る
8月
木をかわかす
9月はじめ 火入れ
木をやいた灰がそのまま肥料になる
9月 たねまき
オリオン座が明け方に姿を見せるころ

あしたはお祭《まつ》り。男《おとこ》たちは森《もり》へ狩《か》りに出《で》かける。
サディアもついていく。

今日《きょう》からお祭《まつ》り。遠《とお》くの学校《がっこう》や、しごとに行《い》っていた人《ひと》たちもせいぞろい。おとなも子《こ》どももみんなで楽《たの》しむ。3日間《みっかかん》ぶっ通《とお》しだ。

おまつりの儀式
おそなえをいれるかご
トリの血で清める
しんちゅうの打楽器
晴れ着をきてみたの
鳥のおどり
1ヶ月前からしこんだお酒

6月《がつ》1日～3日　先住民族《せんじゅうみんぞく》の収穫祭《しゅうかくさい》

サディアは、おじいちゃんの話《はなし》をきくのが好《す》きだ。

うんとむかし、メラジャンという男《おとこ》がいた。

舟《ふね》を作《つく》ろうと思《おも》うて、木《き》を切《き》りにタメランの森《もり》に入《はい》っていった。コーンと、おのをふるとヒーッと音《おと》がする。が、だれもおらん。エーイッと思いきって切りたおすと、うめき声《ごえ》がきこえる。ハッとうしろを見《み》ると、白《しろ》いひげの木の精《せい》が立《た》っておった。

「あんたが木を切ると、わしらは痛《いた》いんじゃよ。どうかね。木を切らんと約束《やくそく》したら、わしらはあんたがたのルマ・パンジャイを守《まも》ってやろう。あやしい者《もの》が川《かわ》をのぼっていったら、ドンと音をたてて知《し》らせよう。今《いま》、あんたの切った木で、わしの姿《すがた》を彫《ほ》って川の方《ほう》を向《む》けて立てておいてくれ」

それだけ言《い》うと、木の精は消《き》えてしもうた。メラジャンは言《い》われたとおりにして、みんなにもそう知らせた。

ある日《ひ》、川下《かわしも》の方でドンと大《おお》きな音がした。女《おんな》たちは子《こ》どもをつれて奥《おく》の山《やま》にかくれた。男たちはやりを持《も》って川下へ舟を出《だ》した。森のあたりまで行《い》くと、川の中《なか》に盗《とう》ぞくの死体《したい》がいくつも浮《う》いておった。木の精がやっつけてくれたんだと、みんなは木の精にお礼《れい》を言って、死体をうめて帰《かえ》った。

次《つぎ》の日、女たちはごちそうをいっぱいお盆《ぼん》にのせ、はえがとまらんように絹《きぬ》の布《ぬの》をかけて舟につみこんだ。男たちは、やりもおのもみんな舟においたままにして森に入った。晴《は》れ着《ぎ》を着《き》た娘《むすめ》たちが、木の精にごちそうをそなえた。その前《まえ》で、みんなは日がくれるまで歌《うた》っておどった。

その後《ご》、悪者《わるもの》が川をのぼってくることはなく、みんな平和《へいわ》にくらしたと。

今はだれ一人《ひとり》タメランの森の木を切る者はおらん。

森がみんなを守ってくれとるんじゃ。

お祭《まつ》りはおわった。サディアのとうさんは今日《きょう》からまた森《もり》のむこうの木材工場《もくざいこうじょう》ではたらく。しばらく家《いえ》に帰《かえ》れない。

木の精が
泣いている
だろうな

熱帯林《ねったいりん》と日本《にほん》の私《わたし》たち

世界《せかい》の人口《じんこう》の 2%にすぎない日本は、世界一《いち》の熱帯木材輸《もくざいゆ》入国《にゅうこく》で、世界の丸太《まるた》の５割以上《わりいじょう》、加工品《かこうひん》の３割近《ちか》くを輸入している。1960 年《ねん》～ 70 年代《だい》にはフィリピン、インドネシアから、その後《ご》 1985 年～ 92 年ごろまでは、日本で使《つか》う熱帯丸太の８～９割をマレーシアのサラワク州《しゅう》、サバ州から輸入していた。サラワク産《さん》の木材の約半分《やくはんぶん》は日本へ来《き》ていたことになる。現在《げんざい》、マレーシアでは丸太輸出《ゆしゅつ》が規制《きせい》されているが、日本企業《きぎょう》は、現地《げんち》で加工し、合板《ごうはん》などにして大量《たいりょう》に日本に送《おく》っている。サラワクの先住民《せんじゅうみん》たちは、何度《なんど》も来日《らいにち》して政府《せいふ》や業者《ぎょうしゃ》に「森《もり》を破壊《はかい》しないで！」と訴《うった》えているが、日本の対応《たいおう》に大《おお》きな変化《へんか》は見《み》られない。サラワクでは１日《にち》に東京《とうきょう》ドーム 160 個分《こぶん》の森が消《き》えている。次《つぎ》の標的《ひょうてき》はパプア・ニューギニアに移《うつ》っているという。

日本国内《こくない》で熱帯木材は、５割が建築《けんちく》・土木《どぼく》に、３割が家具《かぐ》に使《つか》われている。何十《なんじゅう》年、何百《びゃく》年かけて育《そだ》った木《き》も、コンクリート用《よう》の型枠《かたわく》として２～３回《かい》で使い捨《す》てにされ、家具も引っ越《こ》しのたびに捨てられたりしている。住宅《じゅうたく》になった場合《ばあい》でも、20 年もすれば建《た》て替《か》えられてしまうことも多《おお》い。

サディアも学校《がっこう》の寮《りょう》にもどる。サディアのかあさんやとうさんが子《こ》どもだったころは、家族《かぞく》みんながいつもいっしょにいたのに。

そして、
イバンの人《ひと》たちが
大切《たいせつ》にしてきた森や川《かわ》も
どんどん変《か》わっていく……

マルコスさんから

イバンの人々《ひとびと》はこれまでずっとこの森《もり》で生《い》きてこの森で死《し》んできた。おじいさんもおばあさんも、そのまたおじいさんもおばあさんも、この森につつまれて生きるのがなによりも自然《しぜん》だと思《おも》ってきた。

それなのに、よそから人がやってきて、この森がイバンの森ではないという。政府《せいふ》や知《し》らない会社《かいしゃ》がどんどん木《き》を伐《き》っていく。

ならば、言《い》わなければならない。この森はイバンの土地《とち》、他《ほか》のだれも、この土地をこわす権利《けんり》はないと。イバンが生きるためには森が必要《ひつよう》なのだと。わたしたちが他の生き方《かた》を認《みと》めるように、他の人たちもイバンの生き方を認めなければならない。

地球上《ちきゅうじょう》で、人々はいろんな生き方をしてきた。そのそれぞれの人々が誇《ほこ》りを持《も》って生きていける世界《せかい》であってほしい。

1988 年国際研修参加者《ねんこくさいけんしゅうさんかしゃ》。サラワク州《しゅう》バラム川流域《がわりゅういき》で、失《うしな》われつつあるイバンの伝統《でんとう》を子《こ》どもに伝《つた》える活動《かつどう》や、人々の住《す》む森を守《まも》る活動をしている団体《だんたい》「バスダ」代表《だいひょう》

バッカルさんから

イバンの人たちの生活《せいかつ》改善《かいぜん》、医療活動《いりょうかつどう》をしています。病人《びょうにん》がでると夜中《よなか》でもボートでかけつけます。栄養《えいよう》を考《かんが》えた食《た》べ物《もの》の指導《しどう》も大切《たいせつ》な仕事《しごと》です。汚水《おすい》の処理《しょり》、安全《あんぜん》な水《みず》を得《え》ることに力《ちから》を入《い》れています。

サディアのルマ・バンジャイでは、3 年前《ねんまえ》から 20km 上流《じょうりゅう》で伐採《ばっさい》が始《はじ》まったため、川《かわ》が濁《にご》ってしまいました。そこで私《わたし》たちのグループではここの人たちと相談《そうだん》し協力《きょうりょく》して、4km 離《はな》れた森の中のわき水をせき止《と》め、パイプを引《ひ》いて安全《あんぜん》な水を得られるようにしました。

イバンの一人《ひとり》として、村《むら》の仲間《なかま》が自分《じぶん》たちの健康《けんこう》を自分たちで守《まも》れるように願《ねが》って仕事をしています。

1995 年国際研修参加者。サラワク州で人々の保健《ほけん》への関《かん》心《しん》を高める活動をすすめている団体「チェンプロ」の職員《しょくいん》

日本《にほん》の高校生《こうこうせい》から

◇子《こ》どもの心《こころ》を持っているインナイ（お母《かあ》さん）、アパイ（お父《とう》さん）。だからぼくも、あんなにすなおな気持《きも》ちになれたんだ。

◇「食べさせたいものがあるから」とあちこちの家《いえ》を全部《ぜんぶ》まわって私をさがしてくれたインナイ。ありがとう。

◇ぼくのお世話《せわ》になったアパイ。あの後《あと》、森林伐採《しんりんばっさい》に抗議《こうぎ》して警察《けいさつ》に引っぱっていかれたと、来日《らいにち》したマルコスさんに聞《き》いた。涙《なみだ》がこみあげてきた。

（AHI 生活体験《たいけん》ツアーで、ルマ・バンジャイに 1 週間滞在《しゅうかんたいざい》させてもらった高校生たち）

◇とびらの絵《え》は、サディアと友《とも》だちの描《か》いた絵をもとにしました。

◆参考資料

『季刊民族学６号』国立民族学博物館監修（民族学振興会）、1978 年
「AHI マレーシア生活体験ツアー文集」1992、1993 年
「SOS ！サラワク　熱帯林を守ろう！」（サラワク・キャンペーン委員会）1993 年
「サラワク先住民たちの啓示」松江和子、「正平協ニュース」NO.57（1992 年）、NO.59（1993 年）より
『目で見る世界の国々 24　マレーシア』国土社、1994 年
『もっと知りたいマレーシア』綾部恒雄・石井米雄編、弘文堂、1994 年
『熱帯林の世界５　森の食べ方』内堀基光、東京大学出版会、1996 年
『事典　東南アジア――風土・生態・環境』京都大学東南アジア研究センター、1997 年
「サラワクアップデイト」28 号（サラワク・キャンペーン委員会）

◆初出：アジアの子ども No.25　アジア保健研修所（AHI）ニュース No.151（1997 年 10 月 1 日発行）

11章《しょう》

サマサマさ《みんないっしょ》！

—インドネシア・ジャワから—

極楽鳥
カンムリシロムク
クスクス
テングザル
アノア
バビルサ
アカコブサイチョウ
タルシウス(メガネザル)

太陽はマタハリ
トラはハリマウ
ゾウはガチャって言う
オランウータンは「森の人」って意味
40m以上もある
イチジクの木
島の数は
17,000あまりもある
赤道
↓南半球
スマトラ
カリマンタン
ジャワ
メンゴロ村
首都
ジャカルタ
ソロ市
クロドラン村
必ず1人
呼び込みがいる
タクシーは多い
どこでも歩く
3輪自動車バジャイ
ベチャ
前が
とっても高いバス
3人乗りも
へっちゃらバイク
1m
重さ
8kg!
イロイロ
家のかたち!!
スマトラ
ジャワ
カリマンタン
牛の角の形
高床の家が多い
長屋

ウォーレス線《せん》

この線の西側《にしがわ》は東洋《とうよう》（アジア）区《く》、東《ひがし》側はオーストラリア区と呼《よ》ばれ、動植《どうしょく》物《ぶつ》が大《おお》きく違《ちが》っています。

ラフレシア

スマトラ島《とう》に咲《さ》くオレンジ色《いろ》の世界一《せかいいち》大きな花《はな》。茎《くき》も葉《は》もなく、多量《たりょう》の水《みず》を必要《ひつよう》とするため、熱帯雨林《ねったいうりん》のつる植物に寄生《きせい》しています。

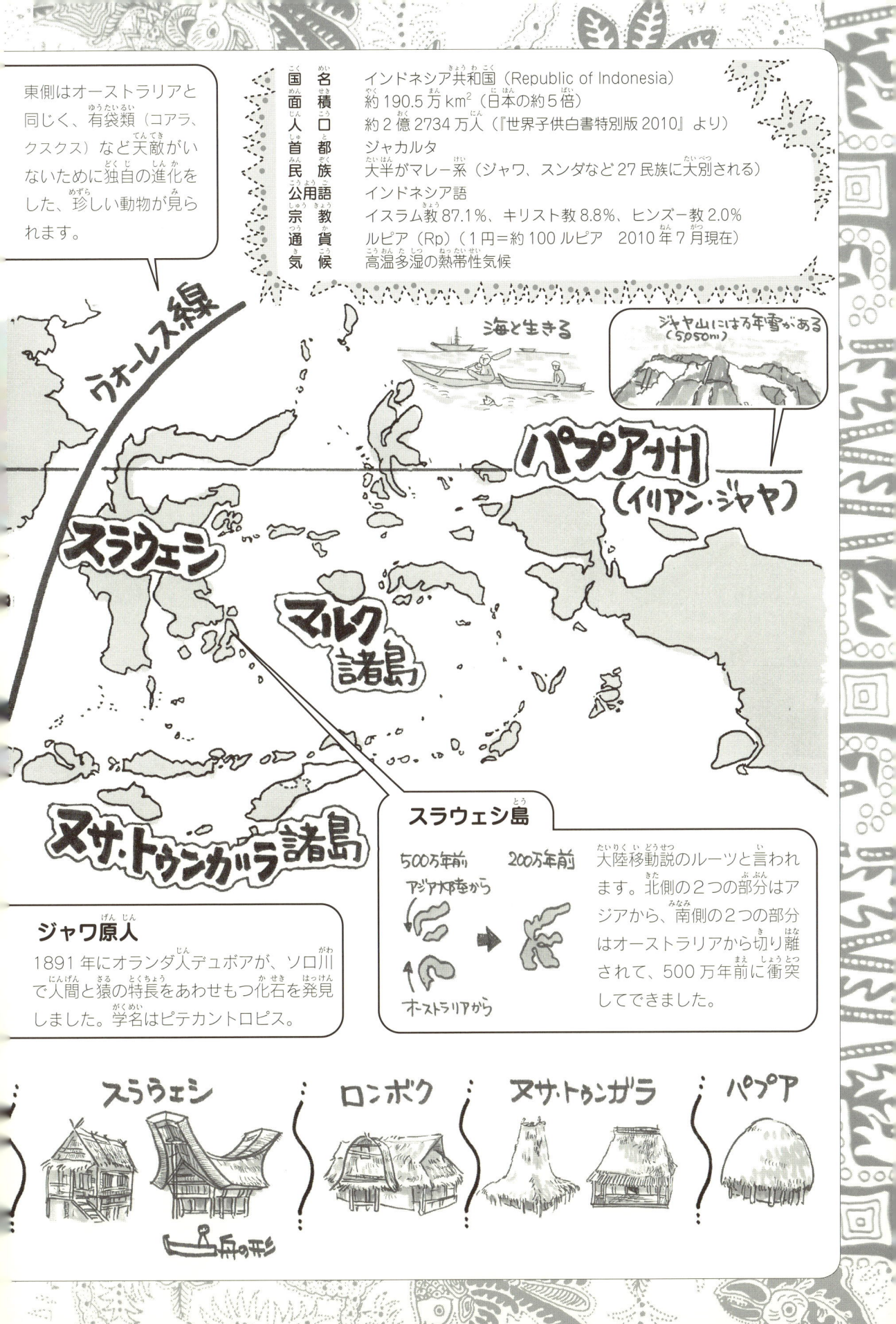

国《こく》　名《めい》	インドネシア共和国《きょうわこく》（Republic of Indonesia）
面《めん》　積《せき》	約《やく》 190.5 万《まん》 km^2（日本《にほん》の約 5 倍《ばい》）
人《じん》　口《こう》	約 2 億《おく》 2734 万人《にん》（『世界子供白書特別版 2010』より）
首《しゅ》　都《と》	ジャカルタ
民《みん》　族《ぞく》	大半《たいはん》がマレー系《けい》（ジャワ、スンダなど 27 民族に大別《たいべつ》される）
公用語《こうようご》	インドネシア語
宗《しゅう》　教《きょう》	イスラム教《きょう》 87.1%、キリスト教 8.8%、ヒンズー教 2.0%
通《つう》　貨《か》	ルピア（Rp）（1 円＝約 100 ルピア　2010 年《ねん》 7 月《がつ》現在）
気《き》　候《こう》	高温多湿《こうおんたしつ》の熱帯性《ねったいせい》気候

東側はオーストラリアと同じく、有袋類《ゆうたいるい》（コアラ、クスクス）など天敵《てんてき》がいないために独自《どくじ》の進化《しんか》をした、珍《めずら》しい動物が見《み》られます。

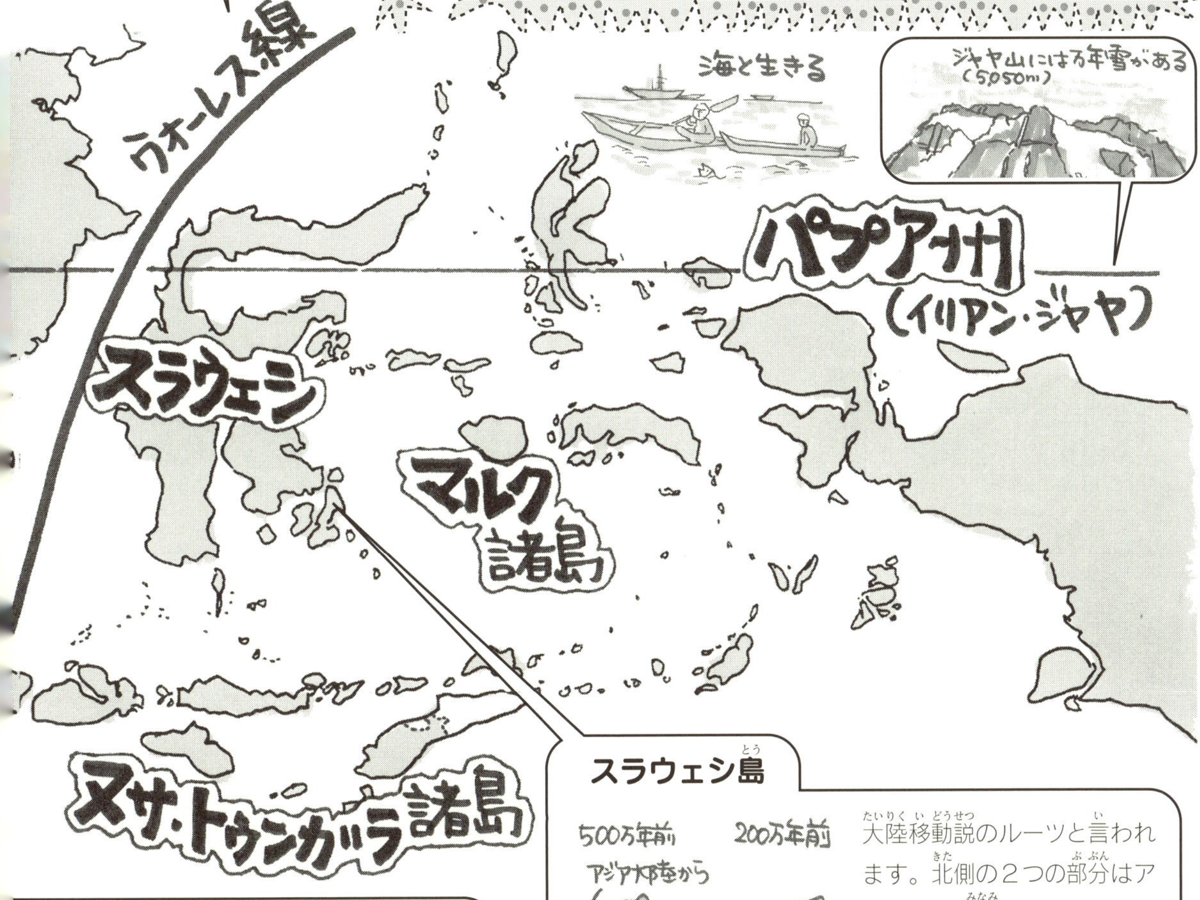

ウォーレス線
海と生きる
ジャヤ山には万年雪がある
(5,050m)
パプア州
(イリアン・ジャヤ)
スラウェシ
マルク諸島
ヌサ・トゥンガラ諸島

スラウェシ島《とう》

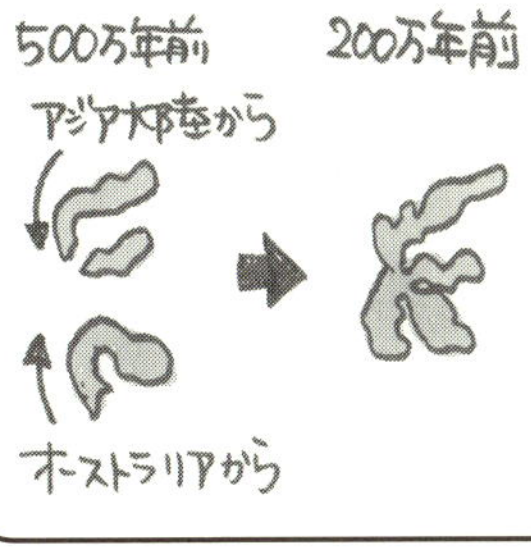

500万年前
200万年前
アジア大陸から
オーストラリアから

大陸移動説《たいりくいどうせつ》のルーツと言《い》われます。北《きた》側の２つの部分《ぶぶん》はアジアから、南《みなみ》側の２つの部分はオーストラリアから切《き》り離《はな》されて、500 万年前《まえ》に衝突《しょうとつ》してできました。

ジャワ原人《げんじん》

1891 年にオランダ人《じん》デュボアが、ソロ川《がわ》で人間《にんげん》と猿《さる》の特長《とくちょう》をあわせもつ化石《かせき》を発見《はっけん》しました。学名《がくめい》はピテカントロピス。

スラウェシ
舟の形
ロンボク
ヌサ・トゥンガラ
パプア

ぼくの名前《なまえ》はヌル・ヒダヤット、10歳《さい》。
クロドラン村《むら》に住《す》んでいる。

ぼくの家《いえ》は農家《のうか》で、おじいちゃんがお米《こめ》を作《つく》っている。
お父《とう》さんは近《ちか》くの印刷工場《いんさつこうじょう》で働《はたら》いているけれど、
田《た》んぼが忙《いそが》しいときは家族《かぞく》みんなで手伝《てつだ》うんだ。

おじいさんの
自慢《じまん》のお米

おばあちゃん
おじいちゃん
お母さん
お父さん
弟
ヌル
1年に2回とれる

２歳のとき、ぼくはとても高《たか》い熱《ねつ》を出《だ》した。
村の産婆《さんば》さんのところに行《い》ったときには、もう手遅《ておく》れだったんだって。
高熱《こうねつ》で体《からだ》の左側《ひだりがわ》がマヒしてしまって、歩《ある》くこともできなくなっちゃった。

６歳のとき、お父さんとお母《かあ》さんは、近所《きんじょ》の小学校《しょうがっこう》に入《い》れようとしたんだけど、断《ことわ》られてしまった。ぼくは友《とも》だちが学校へ行《い》くのや、遊《あそ》んでいるのを遠《とお》くから見《み》ているだけだった。

ある時、近所のエディーさんが、CBR センター※に行ってぼくのことを話《はな》してくれた。そしてセンターのスタッフたちといっしょに、ぼくの家にやってきた。お父さんと相談《そうだん》して、ぼくが養護《ようご》学校に行けるように奨学金《しょうがくきん》と車《くるま》イスもくれたんだよ。将来《しょうらい》にむかってぼくが自分《じぶん》の力《ちから》をのばせるように考《かんが》えてくれたんだ。

※ CBR センター（CBR 開発研修《かいはつけんしゅう》センター）

５歳までの子《こ》どもの保健活動《ほけんかつどう》（ポシアンドゥ）を通《とお》して、障《しょう》がい児《じ》の早期発見《そうきはっけん》や対処《たいしょ》をしています。また障がいを持《も》っている子どもと、持っていない地域《ちいき》の子どもたちとのグループ療法《りょうほう》をするボランティアの訓練《くんれん》や、基本的《きほんてき》なリハビリテーションの提供《ていきょう》、特別学級《とくべつがっきゅう》の先生《せんせい》のための勉《べん》強会《きょうかい》や、大人《おとな》になってからの自立《じりつ》をするためのプログラムなど、障がい者のための地域に根《ね》ざした活動に取《と》り組《く》んでいます。

ぼくがYPAC※の養護《ようご》学校《がっこう》で勉強《べんきょう》するようになって２年《ねん》になる。

毎朝《まいあさ》７時《じ》に、お父《とう》さんはぼくとお母《かあ》さんをオートバイに乗《の》せて
YPACまで送《おく》ってくれる。11時になるとまた迎《むか》えに来《く》る。
YPACには、ぼくが勉強している養護学校と、
リハビリをする所《ところ》と、遠《とお》くの子《こ》が泊《と》まる宿舎《しゅくしゃ》がある。
みんな一生懸命《いっしょうけんめい》歩《ある》いたり、立《た》ったりできるように訓練《くんれん》している。

ぼくも歩行器《ほこうき》を使《つか》い、少《すこ》しだけど歩《ある》けるようになった。
小《ちい》さい子だって泣《な》かないで、がんばってるんだ。

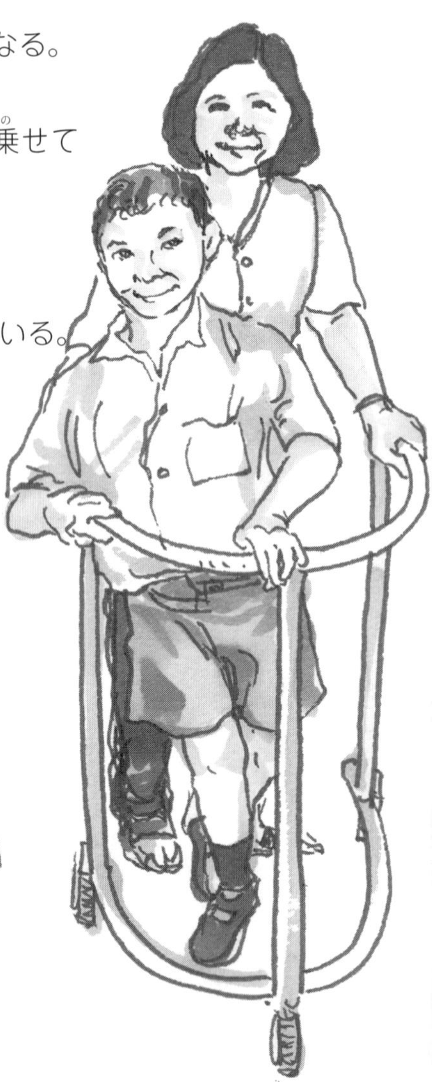

ぼくが好《す》きなのは、
算数《さんすう》と工作《こうさく》と
絵《え》を描《か》くことかな。

ぼくの絵

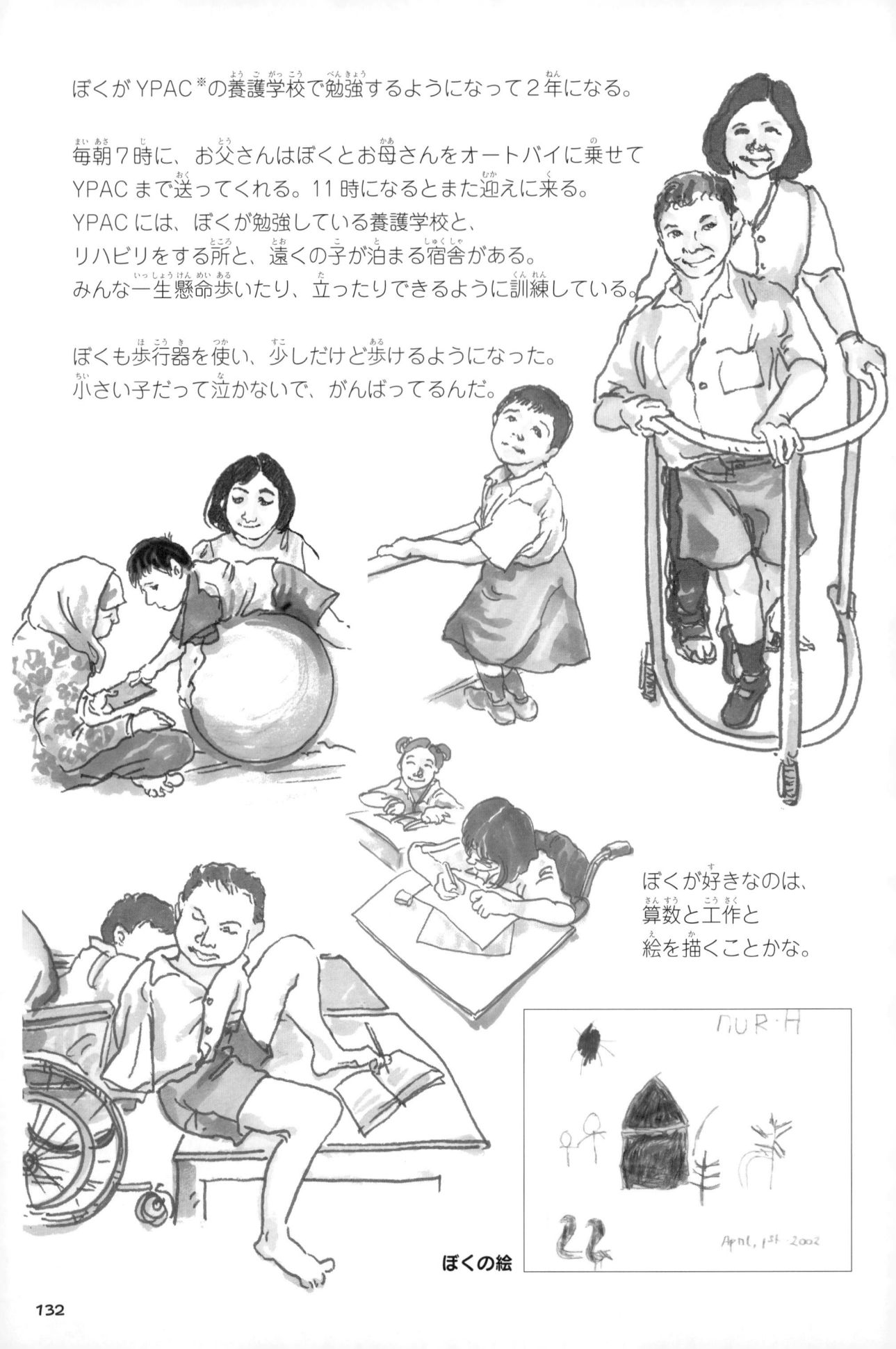

家《いえ》にも友《とも》だちが遊《あそ》びにきてくれるようになったんだ。車《くるま》イスがあるから、自分《じぶん》で行《い》くことだってできる。いっしょに遊んだり、学校に行って勉強ができるようになって本当《ほんとう》にうれしい。

ぼくの家族《かぞく》は、障《しょう》がいを持《も》った子どもも、そうでない子どもと同《おな》じように愛《あい》されて、育《そだ》てられることが必要《ひつよう》だと、みんなに伝《つた》えているんだ。

※ YPAC（インドネシア障《しょう》がい児《じ》ケア協会《きょうかい》）

YPACは、インドネシアの「ゴトンロヨン」という助《たす》け合《あ》いの精神《せいしん》をもとに、障がいのある子どもたちをサポートしています。両親《りょうしん》や家族は、できるだけYPACに通《かよ》う子どもたちに付《つ》き添《そ》い、セラピストのする訓練を勉強します。そして家庭《かてい》でも同じようにリハビリをしています。

私《わたし》の息子《むすこ》アディ

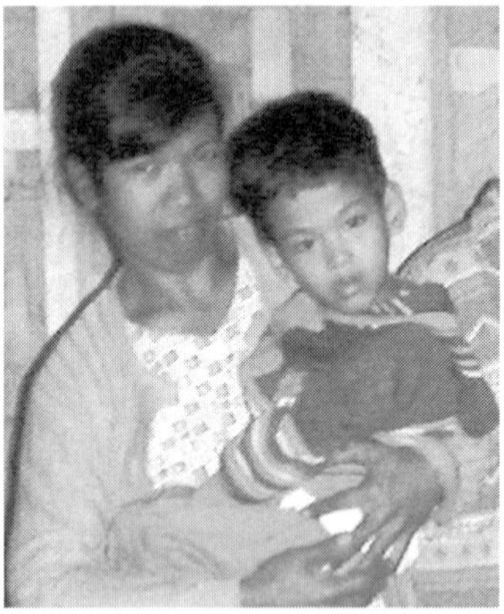

８年前《ねんまえ》、私たちの子《こ》ども
「アディ」が生《う》まれました。
それはそれは元気《げんき》な
男《おとこ》の子でした。

棒の先に
マジックテープが
ついている
鈴が
入っている

１歳《さい》のとき、アディは高熱《こうねつ》を出《だ》しました。
一生懸命看病《いっしょうけんめいかんびょう》しましたが、話《はな》すことも、
一人《ひとり》で座《すわ》ることも歩《ある》くこともできなく
なってしまったのです。
私たちは小作農《こさくのう》です。収入《しゅうにゅう》が少《すく》ないので、
おばあさんにアディの世話《せわ》をたのんで、
私は市場《いちば》でも働《はたら》いています。

アディは食事《しょくじ》にも時間《じかん》がかかります。
一度《いちど》にたくさん食《た》べられないのです。
体《からだ》の成長《せいちょう》は遅《おそ》くて、私たちはいつも
心配《しんぱい》していました。
ほとんど家《いえ》の中《なか》だけですごすアディは、
テレビを見《み》たりうつらうつらしたり
していました。

２年前、この小《ちい》さなメンゴロ村《むら》でもCBRセンターが活動《かつどう》を始《はじ》めました。
スタッフに誘《さそ》われて、近《ちか》くのポシアンドゥ※という活動に参加《さんか》したときのことです。
アディの顔《かお》が輝《かがや》きました。いつも見るアディとは全然《ぜんぜん》ちがう表情《ひょうじょう》に、私は驚《おどろ》きました。

小さな村では
村のリーダーの家でやる

※ポシアンドゥ

ポシアンドゥでは、お母さんと幼児《ようじ》が集《あつ》まって、ボランティアの人《ひと》たちに体重《たいじゅう》をはかってもらったり、発達《はったつ》の記録《きろく》をつけてもらって、成長のようすを確認《かくにん》します。また、CBRセンターの働きかけによって、ゲームをしながら発達をうながしていく活動もしています。

「アディ、元気？」
「今日《きょう》はいい顔してるね」と、
お母《かあ》さんたちが声《こえ》をかけてくれると、
アディはにっこりして応《こた》えます。

今日はみんなでさかな釣《つ》りゲーム
をしました。
アディも一生懸命です。
ちょっと手《て》を添《そ》えてやると……

「あっ、釣れたね。すごい！」

私はアディの反応《はんのう》がだんだん豊《ゆた》かに
なっていくことがとてもうれしい。

子どもたちは、アディを特別扱《とくべつあつか》いしないから、
おもちゃの取《と》り合《あ》いもする。
アディにとってそれはとても良《よ》い関係《かんけい》です。

ここでは予防接種《よぼうせっしゅ》もしてくれるし、
栄養剤《えいようざい》などもくれるので体重《たいじゅう》も増《ふ》えて、
病気《びょうき》もあまりしなくなりました。

まだまだ体の緊張《きんちょう》や変形《へんけい》があるので、
息《いき》の長《なが》いトレーニングをしなければ
ならないと思《おも》います。
けれど、こんなに友《とも》だちがいっぱいいて、
支《ささ》えてくれるのでがんばれると思います。

インドネシア年表《ねんぴょう》

50万年前頃《まんねんまえごろ》	ジャワ原人《げんじん》の出現《しゅつげん》
7世紀《せいき》	スマトラを中心《ちゅうしん》に仏教王国《ぶっきょうおうこく》スリウィジャヤが成立《せいりつ》。以《い》後《ご》ジャワを中心に仏教、ヒンドゥー教王国が興《おこ》る
13世紀	イスラムの伝来《でんらい》（スマトラ島北部《とうほくぶ》のアチェ地方《ちほう》）
1292年	マルコ・ポーロ、スマトラに立《た》ち寄《よ》る
16世紀	マルク諸島《しょとう》に香料《こうりょう》を求《もと》めて、ポルトガル船《せん》とスペイン船が来航《らいこう》
1602年	オランダ東《ひがし》インド会社設立《がいしゃせつりつ》、植民地経営《しょくみんちけいえい》にのりだす
1623年	オランダがイギリス勢力《せいりょく》をマルク諸島から追《お》い出《だ》す（アンボン事件《じけん》）
1811年	オランダに代《か》わりイギリスがジャワを占領《せんりょう》（～1816）
1821年	西《にし》スマトラで反《はん》オランダ、宗教改革《しゅうきょうかいかく》を唱《とな》えるパドゥリ戦争《せんそう》がおこる（～1837）
1825年	反オランダを唱えるジャワ戦争がおこる（～1830）
1830年	ジャワで強制栽培制度《きょうせいさいばいせいど》が導入《どうにゅう》される（～1870）
1873年	オランダの干渉《かんしょう》に反抗《はんこう》してアチェ戦争がおこる（～1912）
1927年	独立《どくりつ》をかかげるインドネシア国民党結成《こくみんとうけっせい》（スカルノが党首《とうしゅ》）
1942年	日本軍《にほんぐん》による占領、軍政《ぐんせい》がしかれる
1945年	インドネシア共和国《きょうわこく》独立宣言《せんげん》、スカルノ初代大統領就任《しょだいだいとうりょうしゅうにん》
1949年	ハーグ円卓会議《えんたくかいぎ》で主権《しゅけん》についての合意《ごうい》が成立《せいりつ》、共和国が成立
1965年	インドネシア共産党《きょうさんとう》による9月《がつ》30日《にち》事件おこる
1966年	大統領権限《けんげん》がスカルノからスハルトへ
1975年	東ティモールに軍隊《ぐんたい》が入《はい》る
1998年	大統領権限がスハルトからハビビへ
1999年	東ティモールで住民投票《じゅうみんとうひょう》が行《おこな》われる。78.5%が独立を支持《しじ》。ワヒド大統領就任
2000年	東ティモール、国連監視下《こくれんかんしか》におかれる
2001年	メガワティ大統領就任。最西端《さいせいたん》アチェ特別州《とくべつしゅう》と最東部《さいとうぶ》イリアン・ジャヤ（現《げん》：パプア）州で特別自治法《じちほう》が成立
2002年	マルク州・北《きた》マルク州でキリスト教徒《きょうと》とイスラム教徒の間《あいだ》で和解《わかい》のためのマリノ協定《きょうてい》が採択《さいたく》

インドネシアのことば

インドネシア国内《こくない》で話《はな》されている民族語《みんぞくご》は415ともいわれ、多《おお》く使《つか》われているのがジャワ語（約《やく》6000万人《まんにん》）、スンダ語（2400万人）などです。

インドネシア語は、マレー半島《はんとう》、スマトラ島の東海岸《ひがしかいがん》のあたりが発祥《はっしょう》の地《ち》といわれているムラユ語に、オランダなどからの外来語《がいらいご》を加《くわ》えてできあがったものです。1945年、公用語《こうようご》に採用《さいよう》されました。わかりやすく、とっつきやすい言語《げんご》といわれています。

宗教《しゅうきょう》

インドネシアでは国《くに》が公認《こうにん》している宗教として、イスラム教、ヒンドゥー教、仏教、カトリック、プロテスタントの５つがあります。また、その他《ほか》の宗教も存在《そんざい》し、国民《こくみん》は自分《じぶん》の信《しん》じる宗教を登録《とうろく》することが義務《ぎむ》づけられています。中《なか》でもイスラム教は国民のほぼ９割《わり》を占《し》めており、世界最大《せかいさいだい》のイスラム教徒人口《きょうとじんこう》を抱《かか》える国となっています。

マラトモさんからのメッセージ

私《わたし》が働《はたら》くCBR（Community Based Rehabilitation＝地域《ちいき》に根《ね》ざしたリハビリテーション）開発研修《かいはつけんしゅう》センターでは、障《しょう》がいを持《も》つ人《ひと》たちが、障がいを持たない人たちと同《おな》じように、身体的《しんたいてき》、精神《せいしん》的、また社会《しゃかい》的に健康《けんこう》な生活《せいかつ》を送《おく》ることができるようになることを願《ねが》って、「ポシアンドゥ」のボランティアのための研修をしたり、グループセラピーをしたりと、障がい者《しゃ》に視点《してん》をおいたさまざまな活動《かつどう》をすすめています。

けれども私たちの活動は、障がいを持った人たちだけのものではありません。障がいを持つ人たちが抱《かか》えている問《もん》題《だい》は、周《まわ》りの人たちや地域社会全体《ぜんたい》の問題だと考《かんが》えています。人々《ひとびと》が障がいを持つ人たちの問題や状況《じょうきょう》に気《き》づき、それをいっしょに解決《かいけつ》していこうと動《うご》き出《だ》すこと、それこそが私たちの目指《めざ》している地域のあり方《かた》です。

また、それが障がい者の問題を一時的《いちじてき》にではなく、今後《こんご》も継続《けいぞく》的に解決していくことにつながると考えているのです。

私たちは、障がいを持つ人たちのための活動をしていますが、その活動を通《とお》して、地域全体のよりよい発展《はってん》を目指しているのです。

すべての人は、よりよく生《い》きるための権利《けんり》を持っていますし、成長《せいちょう》のために必《ひつ》要《よう》な機会《きかい》は、身体の障がいのあるなしに関係《かんけい》なく、保障《ほしょう》されるべきです。この活動によって家族《かぞく》や地域の中《なか》で、子《こ》どもたちがまわりの人々に愛《あい》され、守《まも》られ、そして幸《しあわ》せに成長することができればと思《おも》っています。

マラトモ・スキルマン　2001年《ねん》国際《こくさい》研修《けんしゅう》参加者《さんかしゃ》

◆参考資料
『もっと知りたいインドネシア』綾部恒雄・永積昭編、弘文堂、1989年
「世界花の旅1」『朝日新聞』日曜版、1990年
『大陸と海洋の起源』（上下）ウェーゲナー、都築秋穂・紫藤文子訳、岩波文庫、1991年
『アジア読本・インドネシア』宮崎恒二・山下晋司・伊藤眞、河出書房新社、1993年
『インドネシア——多民族国家の模索』小川忠、岩波新書、1997年
「イスラームとインドネシアの民主化」『福音と世界』1999年4月号、新教出版社
『動物世界遺産　レッド・データ・アニマルズ5　東南アジアの島々』小原秀雄・浦本昌紀・太田英利・松井正文編、講談社、2000年
「CBRの手引き」パドマニ・メンディス博士講演会記念集、日本CBRネットワーク、2000年
『インドネシア繚乱』加納啓良、文春新書、2001年
『ジャカルタ路地裏フィールドノート』倉沢愛子、中央公論新社、2001年
「地球ロマン」NHK、2002年1月4日放送
“Group Theraphy ‘Child to Child’ Program at Rural Areas in Central Java-Indonesia”CBR-DTC
“Community Based Rehabilitation(CBR)Field Activities”CBR-DTC
外務省ホームページ　http://www.mofa.go.jp/　2002.5
◆初出：アジアの子どもN0.34　アジア保健研修所（AHI）ニュースNo.196（2002年6月1日発行）

12章《しょう》

毎《まい》日《にち》歯《は》みがき ずーっとラミ《おいしい》！

—フィリピン・ニューコレリア町《ちょう》マンビン村《むら》から—

ハロハロ ごっちゃまぜ！という イミ
ナタデココ、
ウベ（紫いものあんこ）
やしの実 ココナッツ
バナナ、シロップ豆、
トウガン、タピオカ
ジャックフルーツ
寒天ゼリー、プリン
に、カキ氷を入れて
コンデンスミルクをかけ、
アイスクリームをのせる！
カレカレ 肉や野菜を
ピーナッツソースで煮る。
肉や野菜を
甘辛く煮た アドボ
バナナの葉の
お皿
子ブタの
丸焼き
レチョン
ミニガン
スープ
酸《さん》味の
効いた
魚や貝のスープ

フィリピン

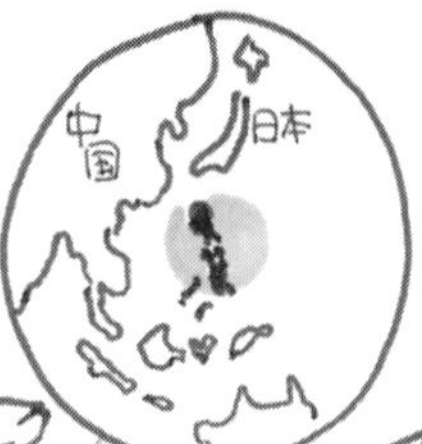

中国
日本

国《こく》　名《めい》　フィリピン共和国《きょうわこく》
面《めん》　積《せき》　29.9万《まん》㎢（日本《にほん》の80％、約《やく》7100の島《しま》がある）
人《じん》　口《こう》　9034万人《にん》（日本1億《おく》2723万人）
（『世界子供白書特別版2010』より）
首《じゅ》　都《と》　マニラ
民《みん》　族《ぞく》　マレー系《けい》96％、他《ほか》に中国《ちゅうごく》系、スペイン系、少《しょう》数《すう》民族など
公用語《こうようご》　フィリピノ語と英語《えいご》
宗《じゅう》　教《きょう》　キリスト教93％（カトリック83％、プロテスタント10％）、イスラム教5％、その他《た》2％
通《つう》　貨《か》　ペソ　1ペソ＝約1.92円《えん》（2010年《ねん》7月現在《がつげんざい》）

国の花 ジャスミン（サンパギータ）

■料理《りょうり》

アジアではめずらしくスパイスをあまり使《つか》わず、パテス（しょうゆ）やバゴオン（エビ味噌《みそ》）などで味付《あじつ》けをする。果実《かじつ》の酸味《さんみ》やココナツミルクなどを使うマイルドな味が多《おお》い。

伝統的な民族衣装もいろいろある。

■衣服《いふく》

正装用《せいそうよう》としてバロン・タガログ（男性《だんせい》用）テルノ（女性《じょせい》用）がある。

とってもハデ。
150ccくらいのバイクタクシー
トライシクル
ジプニー
アメリカ軍の残したジープを改造してつくられた乗りあいバス。
降りる時はカベをパンパンたたく。

肩が大きい。
スペインの統治の時の影響。
うすく、すけている

■ピープルズパワー

1986年2月、マルコス大統領《だいとうりょう》の長《なが》い独裁政権《どくさいせいけん》が倒《たお》れ、新《あたら》しい大統領が生《う》まれた。
そのとき、マルコス軍《ぐん》の反対《はんたい》に対《たい》して、数百《すうひゃく》万人の市民《しみん》が武器《ぶき》を使《つか》わずに抗議運動《こうぎうんどう》をした。

■言語《げんご》

7100もの島があるので、それぞれの文化《ぶんか》・ことばがあり、ことばの数《かず》だけでも80以上《いじょう》もある。一番《いちばん》多く使われているタガログ語をもとにしてフィリピノ語をつくり、公用語とした。また英語も公用語なので、世界《せかい》で3番目《め》に英語を話《はな》す人口が多い。しかし、最近《さいきん》では自分《じぶん》の国《くに》のことばで話そうという運動がおこっている。

■季節《きせつ》

熱帯《ねったい》モンスーン気候《きこう》。年間《ねんかん》を通《とお》して暑《あつ》い。平均気温《へいきんきおん》は25.5度《ど》。もっとも暑いのは5月。1年は大《おお》きく雨季《うき》と乾《かん》季《き》に分《わ》けられる。

(格子模様)	雨季と乾季がはっきり区《く》別《べつ》できる
(縦線模様)	乾季がなく、11月～1月に大雨《おおあめ》が降《ふ》る
(白)	雨季と乾季の区別はあまりない
(雨粒模様)	1年中《じゅう》を通《とお》してかなりの雨が降る

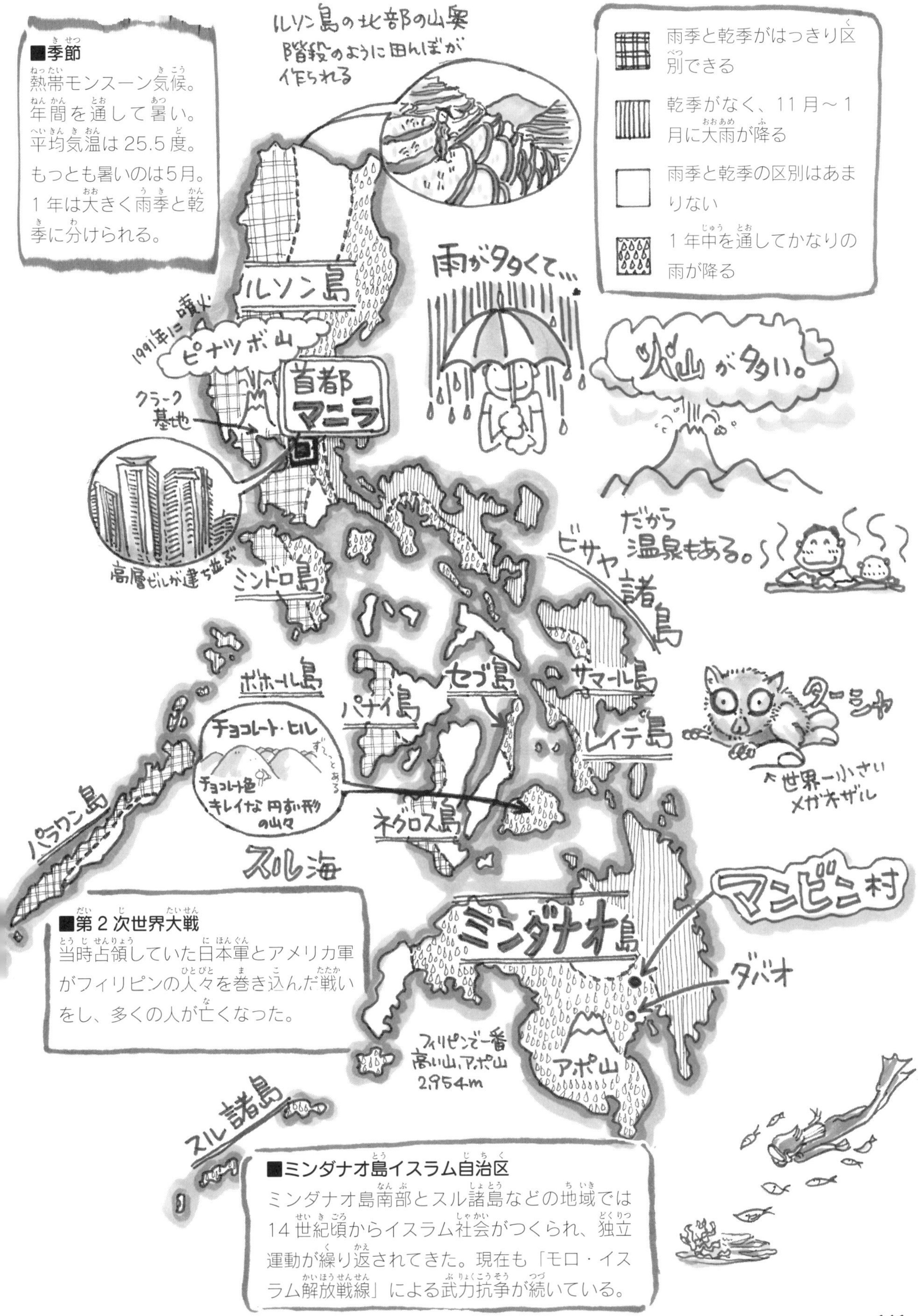

ルソン島の北部の山奥
階段のように田んぼが
作られる
ルソン島
1991年に噴火
ピナツボ山
首都
マニラ
クラーク
基地
高層ビルが建ち並ぶ
ミンドロ島
雨が多くて…
火山が多い。
だから
温泉もある。
ビサヤ諸島
パナイ島
セブ島
サマール島
レイテ島
ターシャ
世界一小さい
メガネザル
ボホール島
チョコレート・ヒル
ず～っとある
チョコレート色
キレイな円すい形
の山々
ネグロス島
パラワン島
スル海
マンビン村
ミンダナオ島
ダバオ
フィリピンで一番
高い山、アポ山
2,954m
アポ山
スル諸島

■第2次世界大戦《だいじたいせん》

当時占領《とうじせんりょう》していた日本軍《にほんぐん》とアメリカ軍がフィリピンの人々《ひとびと》を巻《ま》き込《こ》んだ戦《たたか》いをし、多くの人が亡《な》くなった。

■ミンダナオ島《とう》イスラム自治区《じちく》

ミンダナオ島南部《なんぶ》とスル諸島《しょとう》などの地域《ちいき》では14世紀頃《せいきごろ》からイスラム社会《しゃかい》がつくられ、独立《どくりつ》運動が繰《く》り返《かえ》されてきた。現在も「モロ・イスラム解放戦線《かいほうせんせん》」による武力抗争《ぶりょくこうそう》が続《つづ》いている。

キムは7歳《さい》。ニューコレリア町《ちょう》マンビン村《むら》の小学《しょうがく》3年生《ねんせい》。

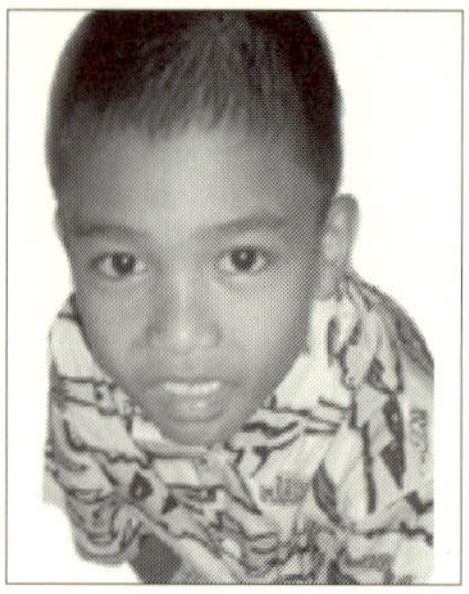

タンク
水道がないので
雨水をためて使う
台所
お母さんの
メリアン
デイケアセンターの先生をしてる
お姉さんの
ジャム
お父さんの
アレックス 村長さん
キムの大好きな
ソーセージ
いとこのジポイ
よくいっしょにごはんを食べる
トマトと魚のスープ
ごはん
飲み水を入れてある
コーラのビン

キムは学校《がっこう》で英語《えいご》、フィリピノ語、算数《さんすう》、それに自分《じぶん》たちの国《くに》フィリピンについて勉強《べんきょう》する。いろんなことばが話《はな》されているフィリピンでは、共通語《きょうつうご》が話せないと不便《ふべん》なことになる。だから、英語とフィリピノ語の授業《じゅぎょう》が多《おお》い。キムが家《いえ》で話すのはセブアノ語。好《す》きな学科《がっか》は算数。

始まり
7
終わり
4

家の手伝《てつだ》いもする。皿《さら》の片付《かたづ》けや水運《みずはこ》び。村では水はとっても貴重《きちょう》。料理《りょうり》や洗濯《せんたく》は共同《きょうどう》の井戸《いど》や川《かわ》から汲《く》み上《あ》げて使《つか》う。

メンドくさー
ゴミ捨て

でも、何《なに》よりも遊《あそ》びの方《ほう》が好き。

ダンパ
お気に入りの
ゴムの束
風の力で
輪ゴムをとばす
バンと地面
をたたいて、

ピックアップスティックス
1本1本
ゆっくり抜いて
いく。
他のスティックが
少しでも動いたら
負け。交替

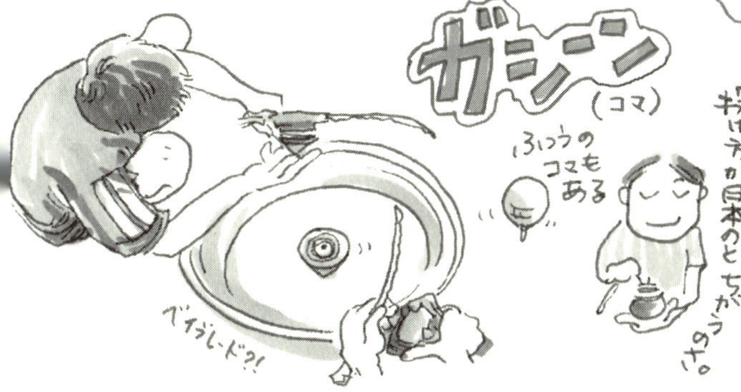
ガシーン
（コマ）
ふつうの
コマも
ある
投げ方が日本のとちがうのだ。
ベイブレード?!

いろんなお菓子が
たくさんぶらさがってる

もう一《ひと》つ、
キムの楽《たの》しみはおやつ！

子《こ》どもたちは、おこづかいをもらって、村のサリサリストア（雑貨屋《ざっかや》）に行《い》くんだ。店《みせ》先《さき》にはおいしそうなお菓子《かし》が並《なら》んでいる。
チョコレートにキャンデイ、ゼリー……。近頃《ちかごろ》、甘《あま》くて手《て》軽《がる》なおやつがこの村でも安《やす》く買《か》えるようになった。

みんな、
甘いおやつがだーい好き。

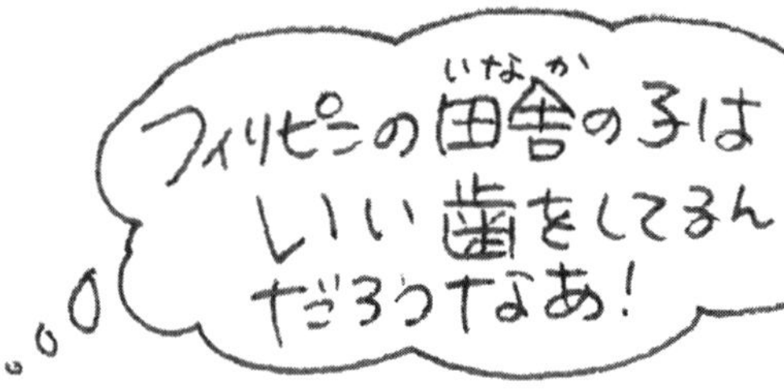

今《いま》から3年前《ねんまえ》、野々山《ののやま》さんという日《に》本人《ほんじん》の歯医者《はいしゃ》さんが来《き》て、キムの家《いえ》に泊《と》まった。

「キム君《くん》、ちょっと歯を見《み》せてくれるかな？」

キムの心臓《しんぞう》はドキドキ。

「うわぁっ、どうしよう、歯を抜《ぬ》かれる！」

なんせ村《むら》に年《ねん》1回《かい》やってくる歯医者さんといえば虫歯《むしば》を見つけたら、とにかく抜いてしまう。「とても痛《いた》いんだよ」

でも、野々山さんはそうじゃなかった。

フィリピンの教育《きょういく》

1898年アメリカの統治《とうち》のもとで公立《こうりつ》学校制度《がっこうせいど》が確立《かくりつ》され、同時《どうじ》に英語《えいご》による教育が徹底《てってい》された。しかし1946年の独《どく》立以後《りついご》、フィリピン独自《どくじ》の文化《ぶんか》を大切《たいせつ》にした教育内容《ないよう》も取《と》り入《い》れられた。学校制度は小《しょう》学校6年（義務《ぎむ》教育）、ハイスクール4年（中《ちゅう》・高等《こうとう》学校）、大学《だいがく》4〜6年で、小学校からハイスクールまで英語とフィリピノ語の学習《がくしゅう》が義務づけられた。1987年に小学校教育が無償《むしょう》となり、99%の子《こ》どもが学《まな》ぶようになった。翌年《よくねん》公立のハイスクールも無償となり、約《やく》55%の子どもが進学《しんがく》するようになった。

次《つぎ》の日《ひ》、デイケアセンター※に村の大人《おとな》も子《こ》どもも集《あつ》まってもらって、野々山さんが歯を調《しら》べたら。

虫歯、虫歯、虫歯……

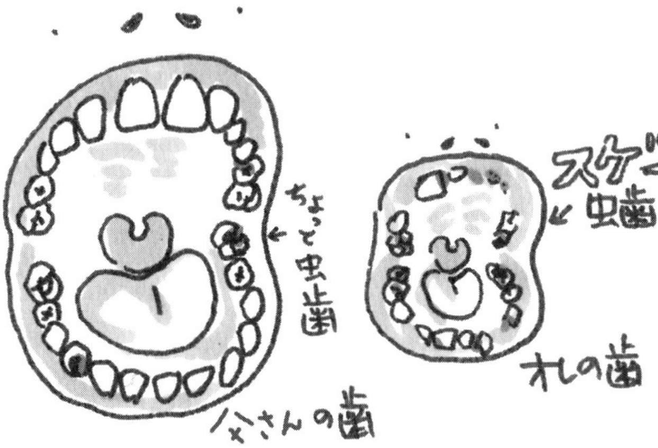

昔《むかし》は子どものおやつと言《い》えば、バナナやココナッツ、村でとれる果物《くだもの》だった。
今は飲《の》み物《もの》も水《みず》よりコーラが一番人気《いちばんにんき》。大人たちも食事《しょくじ》のときにはコーラやジュースを飲む。

このままだと子どもたちの歯は大人になる前《まえ》になくなっちゃう。

なんとかしないと！

※デイケアセンター：3～5歳《さい》までの子ども対象《たいしょう》の、日本の保育園《ほいくえん》のようなもの。保健《ほけん》指導《しどう》の他《ほか》、学習《がくしゅう》、遊《あそ》びをする。保育料《りょう》は無料《むりょう》。

それから、子《こ》どもたちのための
虫歯予防作戦《むしばよぼうさくせん》がはじまった。

お母《かあ》さん、お父《とう》さん、村長《そんちょう》さんに役《やく》場《ば》の人《ひと》たち、保健《ほけん》ボランティアの人たちもいっしょに考《かんが》えはじめた。
だって、なんでもおいしく食《た》べられなかったら、つまらないもんね。

村《むら》ではずっとビターナッツや塩《しお》、グァバの葉《は》を使《つか》って歯《は》の掃除《そうじ》をしていた。でも、今《いま》では歯ブラシを使っている。

歴史《れきし》

約《やく》2万年前《まんねんまえ》
ネグリトの祖先《そせん》が住《す》み始《はじ》める

紀元前《きげんぜん》300年頃《ごろ》
マレー系民族《けいみんぞく》がルソン島《とう》、ビサヤ諸島《しょとう》に移《うつ》り住み、「バランガイ」と呼《よ》ばれる集落《しゅうらく》をつくる

14～15世紀《せいき》
スル諸島でイスラム教《きょう》を信仰《しんこう》する権力者《けんりょくしゃ》により王国《おうこく》が誕生《たんじょう》、ミンダナオ島にもムスリムの王国ができる

1521年　マゼランが世界一周《せかいいっしゅう》の途中《とちゅう》、セブ島に上陸《じょうりく》

1543年　スペイン王子《おうじ》フェリペにちなみ、この国《くに》を「フェリペナス」と名《な》づける

1571年　レガスピがセブ島に上陸。フィリピンの初代総督《しょだいそうとく》となる。（以後《いご》300年以上《いじょう》スペインが支配《しはい》）

1872年　カビテ州《しゅう》で自由獲得《じゆうかくとく》のため暴動《ぼうどう》が起《お》こり3人のフィリピン人神父《じんしんぷ》がその指揮《しき》をしたとして処刑《しょけい》される

1887年　96年まで、民族主義運動家《しゅぎうんどうか》たちが留学先《りゅうがくさき》のスペインで活発《かっぱつ》に反政府《はんせいふ》運動をする。政治小説《せいじしょうせつ》を出版《しゅっぱん》したホセ・リサールが逮捕《たいほ》、処刑される

1898年　アメリカ、スペイン間《かん》で戦争《せんそう》が起こり、アギナルドがアメリカの支援《しえん》を受《う》けて革命《かくめい》政府をつくる。パリ講和条約《こうわじょうやく》により、アメリカがフィリピンを支配することになる

1907年　第《だい》1回フィリピン議会議員選挙実施《ぎかいぎいんせんきょじっし》

デイケアセンターでは、キムのお母さんのメリアンさんが歯みがきの指導《しどう》をはじめた。砂時計《すなどけい》で３分間《ぶんかん》。

「虫歯の菌《きん》は、夜《よる》みんなが寝《ね》ているときに活動《かつどう》をはじめるのよ。夜のお菓子《かし》はやめようね」

毎週水曜日《まいしゅうすいようび》はフッ素《そ》を使ってのうがいもする。先生《せんせい》が忘《わす》れても、子どもたちが「今日《きょう》は、うがいもだよ」と言《い》う。

キムも１日《にち》３回食事《かいしょくじ》の後《あと》にみがくようになった。キムもそろそろ大人《おとな》の歯に生《は》えかわる頃《ころ》。歯を抜《ぬ》かれるのはもうこりごり。今日も頑張《がんば》って、歯をみがく。

そう言えばキムはこの頃《ごろ》、「将来《しょうらい》お医者《いしゃ》さんになりたい」と言っているらしい。
歯医者さんかなー？

1935年　アメリカ支配のもとで政府が誕生。新憲法《しんけんぽう》が制定《せいてい》される。選挙権《けん》が21歳以上《さいいじょう》のすべての男性《だんせい》に、２年後女性《ごじょせい》にも与《あた》えられる
1941年　太平洋《たいへいよう》戦争が始まる
1942年　日本軍《にほんぐん》がマニラを占領《せんりょう》
1945年　日本が敗戦《はいせん》し、アメリカがマニラを占領
1946年　アメリカからの独立《どくりつ》を果《は》たし、フィリピン共和国《きょうわこく》が誕生。「ベル通商法《つうしょうほう》」によって、28年間のアメリカによる経済《けいざい》支配が決定《けってい》
1947年　アメリカとの軍事基地協定《ぐんじきちきょうてい》により、23基地の使用《しよう》を認《みと》める
1953年　アメリカの支持《しじ》によりマグサイサイ大統領就任《だいとうりょうしゅうにん》
1965年　マルコス大統領が就任
1972年　反政府運動が活発《かっぱつ》になり、戒厳令《かいげんれい》が出《だ》され、上院《じょういん》議員ベニグノ・アキノら逮捕《たいほ》される
1979年　基地協定改定《かいてい》により米軍《べいぐん》基地を５カ所《しょ》に限定《げんてい》
1983年　ベニグノ・アキノ、暗殺《あんさつ》される
1986年　「ピープルズ・パワー（２月《がつ》革命）」が起こる。コラソン・アキノ大統領が就任宣言《せんげん》
1989年　国軍改革派《こくぐんかいかくは》クーデターが起こる。国家非常事態《こっかひじょうじたい》宣言を出す
1990年　ルソン島大地震《おおじしん》、翌年《よくねん》ピナツボ火山大爆発《かざんだいばくはつ》
1992年　フィリピンにあるすべての米軍基地撤収《てっしゅう》
2001年　「ピープルズ・パワー２」によって、アロヨ大統領が就任

水や荷物はカラバオ(水牛)で運ぶ。
人口：約2000人
240mの山の頂上近くにある
村は端から端まで約6km
9つの地区に分かれている
マンビン村
小学校
1、2年
6年
5年
農業が中心で、ココナッツ、
とうもろこし、くだもの、野菜を作る
とうもろこし
畑
雨が降るとドロドロになる坂道
←キムの家
コーヒーの豆をほす
洗たくものは木の上にほす
ヘルスセンター
村の診療《しんりょう》
ココナッツ
ごくごくごく！
ほんのり
あまーい
果肉をたべる
のぼってとる

5人乗りバイク
ゴツゴツ
じゃり道も入っちゃう
タンクの上にすわる
運転手
シートは手作り
ガソリンタンク
ふもとの町までは歩くと1時間半
でこぼこじゃりみち
2000年に電気が来た
サンタフェ村へ
ダンプを川で洗う
川の中を渡ってとなりの村へ
わき水
洗たくをここでする人もいる
川遊び。たまにふろのかわりにもする
デイケアセンター
みんなバスケットボールが大好き
ここでも洗たく
川
ウォーターシステム」
水を吸い上げるポンプ 未完成
丘の上の教会

野《の》々《の》山《やま》郁《かおる》さんからのメッセージ

野々山歯科医院院長《いいんいんちょう》
2000年度《ど》よりAHI評議員《ひょうぎいん》。
2000年度、AHI主催《しゅさい》のスタディツアーでフィリピンを訪問《ほうもん》。

初《はじ》めてAHIのツアーでマンビン村《むら》に行《い》ったとき、マンビンのように町《まち》から離《はな》れたところに住《す》んでいる人《ひと》たちは、伝統的《でんとうてき》な食生活《しょくせいかつ》を守《まも》り、虫歯《むしば》のないきれいな歯《は》をしているだろうと思《おも》っていたので驚《おどろ》きました。歯科医《しかい》として力《ちから》になれることはないかと考《かんが》えていたこともあり、その後《ご》、現地《げんち》の人たちと調査活動《ちょうさかつどう》をし、いっしょに虫歯予防《よぼう》プロジェクトを始《はじ》めることにしました。それから3年《ねん》になります。この活動は、デイケアセンターの人たちや歯科大学《だいがく》の学生《がくせい》、村の人たちなど、現地の人たち自身《じしん》が健康《けんこう》な歯の大切《たいせつ》さを知《し》って、それを守るための努力《どりょく》をするからこそ、成果《せいか》が出《だ》せるのだと思っています。

アレックスさんからのメッセージ

マンビン村を含《ふく》めニューコレリア町《ちょう》にある村では、地域全体《ちいきぜんたい》をよりよいものにしていこうと、NGO、行政《ぎょうせい》、村の人たちがいっしょになって、いろいろな活動をしています。虫歯の予防活動もそのひとつです。野々山さんがマンビン村にやってきたことで始まった活動ですが、今《いま》では子《こ》どもたちは毎日《まいにち》デイケアセンターで歯みがきをするようになりましたし、フッ素《そ》うがいもするようになりました。

マンビン村では集会《しゅうかい》があると本当《ほんとう》にたくさんの人たちが参加《さんか》します。私《わたし》がマンビン村で自慢《じまん》に思っていることは、みんなが村のことを考えて、村をよくするために協力《きょうりょく》しあっていることです。問題《もんだい》・課題《かだい》はたくさんありますが、大人《おとな》も子どもも、さらに前進《ぜんしん》しようという意識《いしき》を持《も》ってほしいと思います。

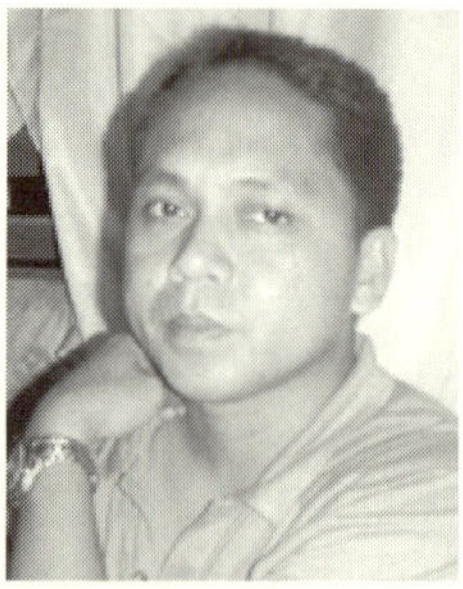

アレックス・バニャ
2002年国際研修参加者《こくさいけんしゅうさんかしゃ》。
1997年からマンビン村の村長《そんちょう》をしており、持続的総《じぞくてきそう》合《ごう》地域開発《かいはつ》に、中心《ちゅうしん》的なメンバーとして精力《せいりょく》的にとりくんでいる。

◆参考資料

『東南アジアを知るシリーズ　フィリピンの事典』石井米雄、同朋舎、1992年
『ビジネスガイド　フィリピン』日本貿易振興会（JETRO）、1994年
『フィリピンの家庭料理入門』原田留美、農文協出版、1994年
『フィリピンはもっと変わる』ピースボート99編、第三書館、1996年
『アジア読本　フィリピン』宮本勝・寺田勇文編、河出書房新社、1997年
『物語フィリピンの歴史』鈴木静夫、中公新書、1997年
『はじめてであうアジアの歴史7　フィリピン／西太平洋の歴史』歴史教育者協議会監修、あすなろ書房、1998年
『もっと知りたいフィリピン【第2版】』綾部恒雄・石井米雄編、弘文堂、1999年
『ワールドカルチャーガイド2　フィリピン・ハロハロ社会の不思議を解く』トラベルジャーナル、1999年
『きみにもできる国際交流12　フィリピン』大上正直監修、偕成社、2000年
『地球の歩き方　フィリピン '02～'03』「地球の歩き方」編集室、ダイヤモンド・ビッグ社、2002年
『2002年世界人口白書』
「諸外国の学校教育」文部省大臣官房調査統計企画科
外務省ホームページ　http://www.mofa.go.jp

◆初出：アジアの子どもNo.36　アジア保健研修所（AHI）ニュースNo.205（2003年6月1日発行）

13章《しょう》

やっぱり私《わたし》たちの台《たい》湾《わん》！

―台湾・南《なん》投《とう》県《けん》より―

蕭 東浩《シャオトンホー》さん（65歳《さい》）

私《わたし》は1936年《ねん》に東京《とうきょう》で生《う》まれました。
父《ちち》が日本医科大学《にほんいかだいがく》で産婦人科《さんふじんか》の医師《いし》をしていたからです。

一番《いちばん》楽《たの》しかったのは家族《かぞく》で上野公園《うえのこうえん》に
行《い》くことでした。

トコちゃんと呼ばれていた。

7歳のとき、空襲《くうしゅう》がひどくなってきたし、
食《た》べ物《もの》が手《て》に入《はい》らなくなってきたので、
台湾《たいわん》に帰《かえ》りました。

日本《にほん》による植民地支配《しょくみんちしはい》

日本による植民地支配は1895年より1945年まで続《つづ》きました。1930年代《だい》に入《はい》って皇民化政策《こうみんかせいさく》が強化《きょうか》され、日本語・神社参拝《じんじゃさんぱい》・日本名《めい》が強制《きょうせい》されました。1942年には日本軍への特別志願制度《とくべつしがんせいど》が始《はじ》まり、1944年には徴兵制《ちょうへいせい》が行《おこな》われました。20万人《まんにん》をこえる漢人《かんじん》や原住民《げんじゅうみん》が戦場《せんじょう》に送《おく》られ、戦死者《せんししゃ》は3万人以上《いじょう》になりました。

そして国家総動員体制《こっかそうどういんたいせい》のもと、財産《ざいさん》や生活《せいかつ》、生命《せいめい》が戦争に調達《ちょうたつ》され、米軍《べいぐん》による激《はげ》しい空襲が行われました。

最初《さいしょ》は台中《たいちゅう》に行ったのですが、そこも空襲が始《はじ》まったので、両親《りょうしん》のふるさとの南投県《なんとうけん》に移《うつ》りました。

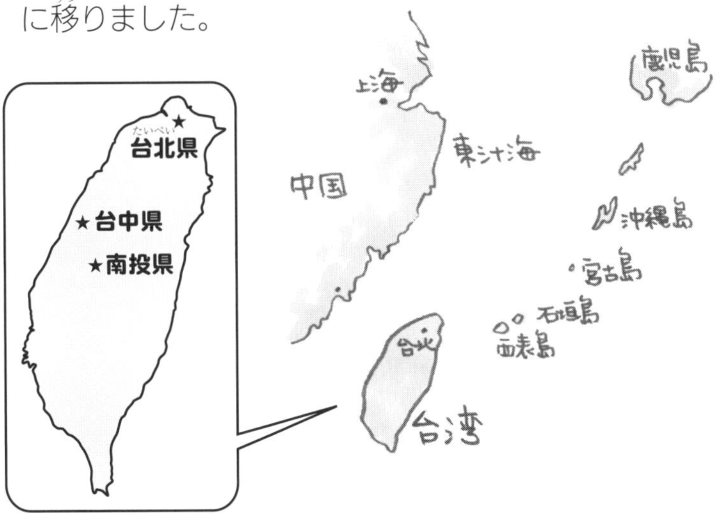

祖父《そふ》の家《いえ》に日本人《じん》が何家族《なんかぞく》か疎開《そかい》していましたし、私も日本語《ご》しか話《はな》せなかったので、いつも日本人の子《こ》どもと遊《あそ》んでいました。

父は戦争《せんそう》に負《ま》けると思《おも》っていました。
空襲を恐《おそ》れて２回《かい》も引《ひ》っ越《こ》ししたのに、結局《けっきょく》南投県の自宅《じたく》も空襲にあいました。家は無事《ぶじ》でしたが、妹《いもうと》がけがをしました。

父は貧《まず》しい人にはお金《かね》を取らずに治療《ちりょう》していたので、みんなに尊敬《そんけい》されていました。
日本軍《ぐん》の人がよくリンゴやチョコレートを持《も》ってきてくれました。

年《ねん》表《ぴょう》

1世紀頃《せいきごろ》	『**漢書地理誌《かんじょちりし》**』に「**東鯷《とうこん》**」と記《しる》される。マレー・ポリネシア系《けい》の9部族《ぶぞく》が暮《く》らしていた。
1624年	オランダの支配下《しはいか》に置《お》かれる。
1662年	鄭成功《ていせいこう》が明《みん》（1644年滅亡《めつぼう》）の残党《ざんとう》を率《ひき》い、オランダを追放《ついほう》。
1683年	清国《しんこく》に破《やぶ》れ、鄭政権滅亡《せいけんめつぼう》。福建省《ふっけんしょう》から大量《たいりょう》の移民《いみん》が流入《りゅうにゅう》し、原住民の土地《とち》が奪《うば》われていった。
1895年	日清《にっしん》戦争で日本が勝利《しょうり》。下関条約《しものせきじょうやく》により台湾は日本最初《さいしょ》の植民地となった。
1930年	日本の官憲《かんけん》による強制労働《ろうどう》にタイヤル族《ぞく》が蜂起《ほうき》し、100余名《よめい》の日本人および漢人《かんじん》を殺害《さつがい》。日本軍の弾圧《だんあつ》によりタイヤル族の死者は1000人を越《こ》えた。〔**霧社事件《むしゃじけん》**〕
1945年	日本の敗戦《はいせん》により中華民国《ちゅうかみんこく》に返還《へんかん》される。この頃大陸《たいりく》から渡《わた》ってきた国民党《こくみんとう》（**外省人《がいしょうじん》**）と、それ以前《いぜん》に渡ってきた人びと（**本省人《ほんしょうじん》**）の間《あいだ》で、衝突《しょうとつ》・混乱《こんらん》が生《しょう》じた。
1947年	タバコ密売《みつばい》の取《と》り締《し》まりをきっかけに本省人の暴動《ぼうどう》が起《お》こる。南京《なんきん》から鎮圧部隊《ちんあつぶたい》が上陸《じょうりく》し、各界《かくかい》の有力者《ゆうりょくしゃ》2万8000人が虐殺《ぎゃくさつ》された。〔**二・二八事件《じけん》**〕
1949年	蒋介石《しょうかいせき》率いる国民党は、大陸での共産《きょうさん》党軍との内戦《ないせん》に破れ、台湾に逃亡《とうぼう》。台湾を「中華民国」と呼《よ》び国連《こくれん》の代表権《だいひょうけん》を得《え》る。戒厳令《かいげんれい》をしき、一切《いっさい》の言論《げんろん》と民衆《みんしゅう》の運動《うんどう》を抑圧《よくあつ》する。
1971年	中国《ちゅうごく》が国連の代表権を回復《かいふく》すると、台湾は国連を脱退《だったい》し、日本を含《ふく》む大多数《だいたすう》の国《くに》と国交《こっこう》を断絶《だんぜつ》（現在《げんざい》国交のある国は29カ国）。

1945年《ねん》、戦争《せんそう》に負《ま》けたので、私《わたし》のまわりにいた日本人《にほんじん》はみんな日本に帰《かえ》っていきました。

私も自分《じぶん》は日本人だと思《おも》っていたので、友《とも》だちといっしょに日本に帰るものだとばかり思っていました。
父《ちち》や母《はは》に「帰りましょう、帰りましょう」と言《い》って泣《な》きました。

学校《がっこう》でも日本人だと思われていて、
「どうして日本に帰らないのか」と言われました。

しばらくは日本語《ご》で台湾《たいわん》語を学《まな》びました。
4年生《ねんせい》のときでした。

国民党《こくみんとう》と万年議員《まんねんぎいん》

日本の植民地統治《しょくみんちとうち》が終《お》わり、かわって中国国民党の支配《しはい》が始《はじ》まりました。

その後《ご》、中国共産党《きょうさんとう》に敗《やぶ》れた国民党軍《ぐん》が、家族《かぞく》と共《とも》に150～200万人《まんにん》、台湾にやってきました（当時《とうじ》の台湾の人口《じんこう》は約《やく》600万人）。

蔣介石総統《しょうかいせきそうとう》は、大陸《たいりく》への反撃《はんげき》の拠点《きょてん》として台湾を位置《いち》づけ、戒厳令《かいげんれい》をしきました。集会《しゅうかい》と結社《けっしゃ》が制限《せいげん》され、新政党《しんせいとう》の結成《けっせい》も禁《きん》じられました。このことと、1947年に大陸で選《えら》ばれた国民大会代表《たいかいだいひょう》や立法委員《りっぽういいん》、観察《かんさつ》委員の終身化《しゅうしんか》（万年議員）で、国民党の一党《いっとう》支配はゆるぎないものとなりました。

国民党の役人《やくにん》の汚職《おしょく》はひどく、法律《ほうりつ》さえ守《まも》ろうとはしませんでした。また外省人《がいしょうじん》が行政《ぎょうせい》と経済《けいざい》の権益《けんえき》をすべて押《お》さえ、国営企業《こくえいきぎょう》も銀行《ぎんこう》もすべて管理《かんり》しました。

しかし中国大陸《ちゅうごくたいりく》から国民党《こくみんとう》がやってくると、学校では日本語で北京《ペキン》語を勉強《べんきょう》するようになりました。

大人《おとな》たちは台湾が解放《かいほう》されたことをとても喜《よろこ》んでいましたが、国民党がやってきて、多《おお》くの台湾人がひどい目《め》にあわされました。父に地方《ちほう》の議員《ぎいん》に立候補《りっこうほ》するようにと言う人《ひと》もたくさんいましたが、「政治《せいじ》はもういやだ」と何《なに》も話《はな》さなくなりました。

二《にい》・二《にい》八《はち》事件《じけん》の後《あと》しばらくは、危《あぶ》ないので学校を休《やす》むように言われました。家《いえ》では、ラジオで日本の NHK や、イギリスの BBC をよく聞《き》いていました。

父は私に化学《かがく》の実験室《じっけんしつ》を作《つく》ってくれました。フラスコやビーカーなんかがあったんですよ。私は自分《じぶん》でゴムを作《つく》ってみようと、あれこれ工夫《くふう》したこともあります。失敗《しっぱい》しましたけどね。

台湾のことば

台湾には、いろいろなことばがあります。昔《むかし》から台湾に住《す》む原住民《げんじゅうみん》は各民族《かくみんぞく》のことばを使《つか》っており、今《いま》の「台湾語」と呼《よ》ばれるものは、17 世紀初《せいきはじ》めに中国から移住《いじゅう》した人が使っていたことばになります。

日本の植民地時代《じだい》は「日本語」を使うことを強制《きょうせい》され、教育《きょういく》はすべて日本語で行《おこな》われました。1949 年からは国民党（蒋介石）が政権《せいけん》をとり、「北京《ペキン》語」で教育されるようになって、その他《た》の言語《げんご》の使用《しよう》が禁《きん》じられました。だから年齢《ねんれい》によって使うことばがちがうのです。今は「北京語」が公用《こうよう》語となっていますが、「台湾語」も日常生《にちじょうせい》活《かつ》の中《なか》で使われています。現在《げんざい》、長《なが》い間禁止《あいだきんし》されていた原住民のことばを残《のこ》す取《と》り組《く》みが、学校教育の中で行われています。

大学時代《だいがくじだい》にクリスチャンになりました。そして、教会《きょうかい》の宣教師《せんきょうし》（アメリカ人医師《じんいし》）にハンセン病《びょう》のおばあさんの病院《びょういん》への送《おく》り迎《むか》えをたのまれました。

そのおばあさんの足《あし》のうらには、ひどい傷口《きずぐち》がありました。
傷口は消毒《しょうどく》し、足が地《ち》につかないように、
石《せっ》こうで固《かた》めてしばらくそのままにしておきます。

ハンセン病

らい菌《きん》による慢性《まんせい》の細菌感染症《さいきんかんせんしょう》。主《おも》に末《まっ》しょう神経《しんけい》と皮膚《ひふ》がおかされる。遺伝病《いでんびょう》ではなく、感染力《りょく》や発症《はっしょう》力は極《きわ》めて弱《よわ》いにもかかわらず、人々《ひとびと》の偏見《へんけん》と「らい予防法《よぼうほう》」という隔離政策《かくりせいさく》によって家族《かぞく》と遠《とお》く離《はな》され、自分の子《こ》どもを生《う》み育《そだ》てることも禁止《きんし》され、療養所内《りょうようじょない》で自由《じゆう》と尊厳《そんげん》を奪《うば》われた生活《せいかつ》を強《し》いられてきました。

1940年代《ねんだい》にはアメリカで効果的《こうかてき》な治療薬《ちりょうやく》が開発《かいはつ》され、今では完全《かんぜん》に治《なお》る病《やまい》になりました。1952年にWHOで開放外来《かいほうがいらい》治療がよびかけられたあとも、日本《にほん》では隔離政策が続《つづ》けられ、1996年の廃止《はいし》まで90年におよびました。その後《ご》、国《くに》の怠慢《たいまん》による人権侵害《じんけんしんがい》を訴《うった》える裁判《さいばん》が、元患者《もとかんじゃ》によって次々《つぎつぎ》と起《お》こされ、2001年5月、国の責任《せきにん》が認《みと》められました。

世界《せかい》の中《なか》では、今もハンセン病にかかる人がいます。貧《まず》しい国ほどハンセン病の例《れい》が多《おお》くみられます。

２カ月《げつ》ほどして、お医者《いしゃ》さんが電動《でんどう》ノコギリで石こうを取《と》り外《はず》しました。
長《なが》い間汗《あいだあせ》でむれていた足は、それはそれはいやな臭《にお》いがしました。

でもお医者さんは、自分《じぶん》の手《て》でおばあさんの足をていねいに洗《あら》いました。
そしてほんの少《すこ》し残《のこ》っていた傷口にさらに顔《かお》を近《ちか》づけて、
まだうみが出《で》ていないか、何回《なんかい》も臭いをかいでいました。

私《わたし》の父《ちち》も医師として尊敬《そんけい》されていましたが、
そこまではできない。
台湾《たいわん》人のために、外国《がいこく》のお医者さんが
そこまでしてくれる。
私も何《なに》かしなければと
強《つよ》く思《おも》いました。

このことがきっかけで、
ハンセン病の仕事《しごと》を
37年間《ねんかん》やってきました。

今《いま》、台湾ではハンセン病の
心配《しんぱい》はなくなりました。

けれど、アジアの国々《くにぐに》ではまだまだ
ハンセン病で苦《くる》しんでいる人々《ひとびと》がたくさんいます。

これからもアジアで今までの知識《ちしき》や経験《けいけん》をいかしたいと思います。

台湾キリスト長老教会《ちょうろうきょうかい》

スコットランドで生《う》まれたキリスト教《きょう》の一派《いっぱ》で、台湾の長老教会も100余年《よねん》の歴史《れきし》の中、民主主義《みんしゅしゅぎ》を説《と》き、正義《せいぎ》や権力《けんりょく》に立《た》ち向《む》かうことを教《おし》えてきました。

1971年に「国是《こくぜ》に対《たい》する声明《せいめい》」を発表《はっぴょう》し、国連《こくれん》を脱退《だったい》し世界に孤立《こりつ》した台湾の自主《じしゅ》を呼《よ》びかけました。1975年に起こった台湾語《ご》に対する弾圧《だんあつ》をきっかけとして、1977年には「人権宣言《せんげん》」を発表。

それは人々の母国《ぼこく》語を守《まも》る人権意識《いしき》を目覚《めざ》めさせ、国際《こくさい》人権デー記念集会《きねんしゅうかい》という形《かたち》で民主化運動《かうんどう》を高《たか》めることにつながりました。その後「美麗島事件《めいりとうじけん》」※に発展《はってん》し、長老教会総幹事《そうかんじ》や牧師《ぼくし》の高俊明《こうしゅんめい》らが逮捕《たいほ》されました。1991年には「台湾主権独立《しゅけんどくりつ》宣言」を発表し、台湾人としての誇《ほこ》り、自由《じゆう》を常《つね》に主張《しゅちょう》し、台湾社会《しゃかい》に影響《えいきょう》をあたえています。

※ 1979年、国際人権デーに高雄《カオション》市《し》で行われた雑誌《ざっし》『美麗島』主催《しゅさい》のデモが、警官《けいかん》と衝突《しょうとつ》し、弾圧《だんあつ》にあった事件。

台湾　あ＊ら＊か＊る＊と

忘《わす》れちゃならない　台湾《たいわん》と言《い》えば、これ！

台湾のお茶《ちゃ》

細長い器は
香りを楽しむ。

台湾では、茶道《さどう》の作法《さほう》と一般家庭《いっぱんかてい》で飲《の》まれる方法《ほうほう》はそれほど違《ちが》わない。ゆったりとおしゃべりをしながら、湯飲《ゆの》みの残《のこ》り香《が》や、吐《は》く息《いき》からもお茶の香《かお》りを楽《たの》しむ。台湾のお茶は数《かぞ》え切《き》れないほどの種類《しゅるい》があって、高価《こうか》なものも多《おお》く、高級《こうきゅう》なお茶はほのかに花《はな》やミルクの香りがする。

インターネットカフェも
たくさんある

台湾の中《なか》の日本《にほん》の文化《ぶんか》

日本超人氣!!
早安少女組…
近畿小子!
熱賣中

「台北《タイペイ》の原宿《はらじゅく》」といわれる西門町《せいもんちょう》には、日本大好《だいす》きという意《い》味《み》の「ハーリー症《しょう》」にかかった若者《わかもの》であふれている。茶髪《ちゃぱつ》や厚《あつ》底《ぞこ》ぐつが目立《めだ》ち、キティちゃんやピカチュウ、ドラえもんやちびまる子《こ》ちゃんなどが、店《みせ》いっぱいに並《なら》ぶ。反町隆史《そりまちたかし》、藤原紀《ふじわらのり》香《か》といった日本の芸能人《げいのうじん》も有名《ゆうめい》である。

反日運動《はんにちうんどう》（慰安婦問題《いあんふもんだい》、尖閣諸島《せんかくしょとう》問題など）がありながら、一方《いっぽう》では親日《しんにち》という相反《あいはん》する現象《げんしょう》であるが、若者にとっては、身近《みぢか》な楽しみと政治《せいじ》問題は別次元《べつじげん》のものと考《かんが》えているようである。

台湾料理《りょうり》

台湾にやってきた福建省人《ふっけんしょうじん》の食習慣《しょくしゅうかん》に、台湾の農産物《のうさんぶつ》や海《かい》産物が加《くわ》わり、現在《げんざい》の台湾料理（台菜《たいつぁい》）となった。

パソコン

台湾は「世界《せかい》のパソコン工場《こうじょう》」と呼《よ》ばれ、世界市場《しじょう》でスキャナー84%、キーボード75%と、台湾製品《せいひん》の比率《ひりつ》は圧倒的《あっとうてき》である。ノート型《がた》パソコンでも、日本とならぶ世界最大《さいだい》の生産国《せいさんこく》となっている。

首《しゅ》　都《と》	台北（タイペイ）
面《めん》　積《せき》	3.6万《まん》km²（日本：37.8万km²）
人《じん》　口《こう》	2305万人《にん》（日本：1億2729万人）
人口密度《みつど》	637人／km²（日本：343人／km²）
民《みん》　族《ぞく》	漢《かん》族98%、原住民《げんじゅうみん》など
通《つう》　貨《か》	元《げん》（1元＝約《やく》2.8円《えん》）

（2010年《ねん》7月現在《がつげんざい》）

原住民《げんじゅうみん》

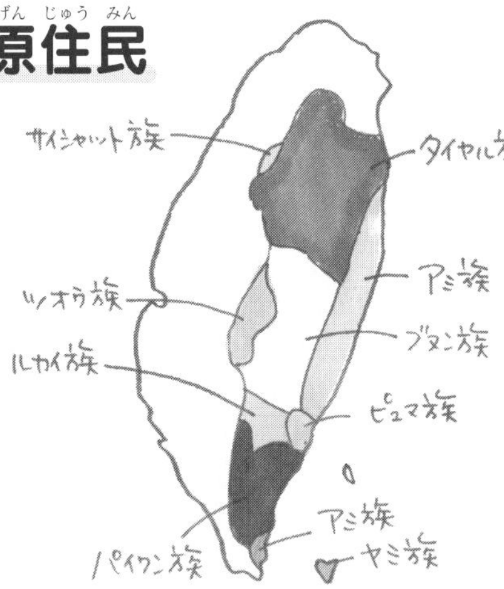

現在《げんざい》台湾に住《す》んでいる「原住民」は、アミ族《ぞく》、サイシャット族、タイヤル族、ツオウ族、ルカイ族、ヤミ族、ブヌン族、パイワン族、ピュマ族の9部族《ぶぞく》で、約41万人。

台湾の原住民は自分《じぶん》たちを「台湾に現住《げんじゅう》する民族《みんぞく》」として、この名称《めいしょう》を自《みずか》ら選《えら》んだ。原住民固有《こゆう》の歴史《れきし》と文化《ぶんか》が滅《ほろ》んでしまうという強《つよ》い危機感《ききかん》を持《も》っている。

自然《しぜん》

少《すこ》し甘《あま》めのしょうゆ味《あじ》がベースなのであっさりとしている。その他《ほか》に北京《ぺきん》、広東《かんとん》、四川《しせん》といった中国各地《ちゅうごくかくち》の料理や、飲茶《やむちゃ》、屋台《やたい》料理もある。

日本には3000 mを超《こ》える山《やま》は、30くらいしかないが、台湾には133もある。台湾で一番高《いちばんたか》い山は「玉山《ぎょくさん》」で、3952 mだが、日本統《とう》治時代《ちじだい》にはこれが富士山《ふじさん》よりも高いことから、「新高山《にいたかやま》」と呼《よ》ばれていた。亜熱帯気候《あねったいきこう》なので、花《はな》や植《しょく》物《ぶつ》、昆虫《こんちゅう》、果物《くだもの》などが豊《ゆた》か。とりわけ蝶《ちょう》は400種以上《いじょう》が生息《せいそく》していて世界的にも有名である。

世紀
9F
11F HOTEL
33元
安利皮鞋
麦當勞
赤と黄の看板
屋台もたくさん。
どこでも走る。
使いすての器

民主化《みんしゅか》と中国《ちゅうごく》との関係《かんけい》

国際社会《こくさいしゃかい》での孤立《こりつ》に対抗《たいこう》する手《しゅ》段《だん》として経済開発《けいざいかいはつ》を優先《ゆうせん》したことで、本省人《ほんしょうじん》の経済社会力《りょく》と台湾人意識《いしき》が高《たか》まり、さらには国民党《こくみんとう》に対する政治参加《せいじさんか》と、「民主化《みんしゅか》」へとつながりました。また、中国に対抗するために支援《しえん》が必要《ひつよう》なアメリカからも、台湾は民主化を求《もと》められました。

1986年《ねん》には戒厳令《かいげんれい》のもとで民進《みんしん》党《とう》の結成宣言《けっせいせんげん》が行《おこな》われ、国民党はこれを認《みと》めました。その後《ご》、戒厳令の解除《かいじょ》、大陸往来《たいりくおうらい》・新聞発行《しんぶんはっこう》の自由《じゆう》などが発表《はっぴょう》され、1988年に李登輝《りとうき》が総統《そうとう》となると、台湾が中国を統治《とうち》する政府《せいふ》であるという主張《しゅちょう》を撤回《てっかい》しました。1995年の総統選挙《せんきょ》では、台湾の独立《どくりつ》を心配《しんぱい》した中国が、台湾海《かい》峡《きょう》で軍事《ぐんじ》ミサイルの演習《えんしゅう》を行いました。政治的緊張《きんちょう》の高まる一方《いっぽう》、台湾は世界有数《せかいゆうすう》の中国への投資国《とうしこく》でもあります。

年《ねん》表《ぴょう》

1975年《ねん》　蔣介石総統《しょうかいせきそうとう》が死去《しきょ》し、息子《むすこ》の蔣経国《しょうけいこく》が跡《あと》を継《つ》ぐ。独裁《どくさい》体制《たいせい》をゆるめて、本省人《ほんしょうじん》が政治《せいじ》に参加《さんか》できるよう変革《へんかく》を進《すす》めた。

1984年　本省人である李登輝《りとうき》が副《ふく》総統に就任《しゅうにん》。

1987年　戒厳令《かいげんれい》が解除《かいじょ》された。

1988年　蔣経国が死去し、李登輝が総統となり、民主化路線《みんしゅかろせん》が進められた。

1989年　戦後《せんご》初《はじ》めての立法院《りっぽういん》（日本《にほん》の国会《こっかい》にあたる）の選挙に、初《はつ》の野党《やとう》である民進党から21名《めい》が当選《とうせん》。二《にい》・二八事《にいはちじ》件《けん》をあつかった映画《えいが》『非情《ひじょう》城市《じょうし》』が公開《こうかい》される。

1991年　中国・台湾それぞれが民間《みんかん》の組織《そしき》を作り、間接的対話《かんせつてきたいわ》を始《はじ》めた。李登輝総統が、「中国との戦争状態《せんそうじょうたい》の終結《しゅうけつ》」を宣言《せんげん》した。

1992年　立法院選挙で、史上《しじょう》初めて台湾人が選んだ国会が誕《たん》生《じょう》。民進党が大躍進《だいやくしん》した。

1995年　二・二八事件の記念碑《きねんひ》が作られ李総統が遺族《いぞく》に謝罪《しゃざい》。

1999年　李総統の「二国論発言《にこくろんはつげん》（台湾と中国は2つ《ふた》の対等《たいとう》な国家《こっか》である）」により、中国側《がわ》に強《つよ》い反発《はんぱつ》。

2000年　総統選挙で民進党の陳水扁《ちんすいへん》当選。

台湾の女性《じょせい》

　男女平等《だんじょびょうどう》が進《すす》み、女性も一《いち》人前《にんまえ》の経済人として家計《かけい》を支《ささ》えていくことを期待《きたい》されています。食事《しょくじ》は外食《がいしょく》をすればよいと考《かんが》えており、家事《かじ》は夫《おっと》と分担《ぶんたん》して、子《こ》どもが生《う》まれても両親《りょうしん》に面倒《めんどう》をみてもらうことも多《おお》くあります。これは伝統《でんとう》的な大家族《だいかぞく》制独特《せいどくとく》の助《たす》け合《あ》いの精神《せいしん》が生《い》きているのだと思《おも》われます。

　戦後《せんご》、義務教育《ぎむきょういく》が施行《しこう》されてから、大学進学《だいがくしんがく》に男女の差《さ》があまりなくなり、女性にも職場《しょくば》が開《ひら》かれているためか、とにかく一流《いちりゅう》大学を目指《めざ》してよく勉《べん》強《きょう》をします。学費《がくひ》は日本よりもはるかに安《やす》く、社会自体《じたい》も勉強したいと思う学生《がくせい》を支《ささ》えるしくみになっています。

蕭《シャオ》 東浩《トンホー》さんからのメッセージ

蕭東浩さんは、1998 年《ねん》までは台湾麻瘋救済協会《たいわんまふうきゅうさいきょうかい》で働《はたら》き、現在《げんざい》はチャイナレプロシーサービス顧問《こもん》。AHI が 1989 年に韓国《かんこく》で行《おこな》ったハンセン病《びょう》の国際《こくさい》セミナーへの協力《きょうりょく》や 1991 年から 1995 年にかけて行った台湾生活体験《せいかつたいけん》ツアーの受《う》け入《い》れをしてくださいました。

みなさんは「あなたは、なに人《じん》ですか」と聞《き》かれたとき、どう答《こた》えますか。

しばらく前《まえ》にインドに行《い》ったときに、とても受けたジョークをご紹介《しょうかい》します。それは「私《わたし》にはインド人の血《ち》が流《なが》れているかもしれません。父《ちち》は色《いろ》が黒《くろ》かったし、髪《かみ》も縮《ちぢ》れていました。それに手術《しゅじゅつ》するときに私の血液型《けつえきがた》は亜《あ》ボンベイ型（O 型の変種《へんしゅ》）だとわかりました」というものです。

あるとき、外省人《がいしょうじん》の人《ひと》から「あなたも中《ちゅう》国《ごく》人でしょう」と言《い》われました。その人には「ひょっとしたら日本《にほん》人かもしれないし、インド人かもしれないし、原住民《げんじゅうみん》かもしれない。でも今《いま》は台湾に暮《く》らしているんだから、台湾人でしょう」と答えました。

私はハンセン病の仕事《しごと》をずっとやってきました。台湾では新《あたら》しい患者《かんじゃ》は出《で》なくなったので、これからは中国大陸《たいりく》で、少数民族《しょうすうみんぞく》の患者さんやその家族《かぞく》をケアする仕事をしようと、新しい団体《だんたい》をはじめました。台湾には中国大陸に複雑《ふくざつ》な思《おも》いを持《も》つ人が多《おお》いので、この活動《かつどう》は誰《だれ》にでも認《みと》められるものではありません。しかし困《こま》っている人がいて、自分《じぶん》にできることがあるわけですから、私はノーとは言いたくありません。

台湾は国連《こくれん》に加盟《かめい》していませんし、国交《こっこう》を持っている国《くに》は 29 カ国《こく》しかなく、国際的《こくさいてき》に難《むずか》しい立場《たちば》に立《た》たされています。私は、国際的な活動《かつどう》をするワイズメンインターナショナル※や AHI を通《とお》して、世界《せかい》とつながっていきたいと考《かんが》えています。私が病気《びょうき》で辛《つら》かったときには、世界中《じゅう》の友人《ゆうじん》たちが私のために祈《いの》ってくれました。そしてそんな関係《かんけい》が、武力《ぶりょく》の脅威《きょうい》を越《こ》えて平和《へいわ》に暮らすことにつながると信《しん》じています。

※ YMCA の国際奉仕《ほうし》クラブ

◆参考資料

『台湾・霧社に生きる』柳本通彦、現代書館、1985 年

『もっと知りたい台湾』戴國煇、弘文堂、1990 年

『台湾　アジアの夢の物語』上村幸治、新潮社、1994 年

『暮らしがわかるアジア読本　台湾』笠原政治・植野弘子編、河出書房新社、1995 年

『好きになっちゃった台北――24 時間開放都市の正しいハマり方』下川裕治、双葉社、1995 年

『台湾　長期滞在者のための現地情報〔改訂最新版〕』宮本孝、三修社、1998 年

『台湾革命――緊迫！台湾海峡の 21 世紀』柳本通彦、集英社新書、2000 年

『2 時間でわかる図解台湾のしくみ』林志行、中経出版、2000 年

“SEAMIC Health Statistics,2000”International Medical Foundation of Japan

『アジア政治を見る眼――開発独裁から市民社会へ』岩崎育夫、2001 年、中公新書

朝日新聞 2001 年 3 月 24 日付夕刊

毎日新聞 2001 年 4 月 23 日付朝刊

朝日新聞 2001 年 5 月 10 日付朝刊

◆初出：アジアの子ども No.32　アジア保健研修所（AHI）ニュース No.186（2001 年 6 月 1 日）

あとがき

この本《ほん》は、アジア保健研修所《ほけんけんしゅうじょ》（AHI）の会報《かいほう》「アジアの子《こ》ども」をまとめた第《だい》 2 集《しゅう》です（第 1 集は『アジアの子ども』明石書店、1994 年）。

アジアの国《くに》や地域《ちいき》の暮《く》らし、取《と》り巻《ま》く環境《かんきょう》などを日本《にほん》の人《ひと》たちに知《し》ってもらいたいと、草《くさ》の根《ね》で活動《かつどう》する AHI の研修生《けんしゅうせい》から得《え》た情報《じょうほう》をもとに、毎号《まいごう》さまざまなテーマで現地《げんち》の子どもを紹介《しょうかい》しています。

「アジアの子ども」編集委員会《へんしゅういいんかい》は、ボランティアの方《かた》たちが中心《ちゅうしん》になって、その号のテーマを決《き》めることからレイアウトまで編集のすべてを手《て》がけます。主人公《しゅじんこう》の子どもの貧《まず》しくても夢《ゆめ》をひたむきに追《お》っている姿《すがた》、一方《いっぽう》で容易《ようい》に環境を変《か》えることのできない現実《げんじつ》、その中《なか》で「一番伝《いちばんつた》えたいことは何《なに》か」をめぐって、議論《ぎろん》が白熱《はくねつ》します。わからないことを現地の研修生に確《たし》かめたり、歴史《れきし》や政治状況《せいじじょうきょう》を自分《じぶん》たちで調《しら》べたりしながら、半年《はんとし》かけて一冊《いっさつ》にまとめます。出来上《できあ》がると、子どもの声《こえ》まで聞《き》こえてきそうなくらい愛着《あいちゃく》がわきます。

1983 年《ねん》の創刊以来《そうかんいらい》、ほぼ年 2 回《かい》のペースで発行《はっこう》されており、現在《げんざい》、第 50 号に至《いた》りました。これまでに発行された中から、なるべく多《おお》くの国をご紹介したい、また読者《どくしゃ》である子どものみなさんに関心《かんしん》をもってもらえるテーマを取《と》り上《あ》げたいと考《かんが》え、選《え》りすぐりを集《あつ》めてこの本に収録《しゅうろく》しました。発行から 10 年以上経《いじょうた》ったものもあり、本文中《ほんぶんちゅう》のデータは古《ふる》いものも含《ふく》まれていますが、ストーリーの本質《ほんしつ》は変わらないため、発行された原稿《げんこう》をそのまま収録しております。各章《かくしょう》のその後《ご》の変化《へんか》などについては、次《つぎ》のページに補足説明《ほそくせつめい》をさせていただきます。

「アジアの子ども」に登場《とうじょう》した方たち、わが子のように思《おも》いを寄《よ》せながら編集に携《たずさ》わってくださった委員の方たちを含め、この本の実現《じつげん》にご協力《きょうりょく》くださったすべてのみなさまに、心《こころ》から感謝《かんしゃ》いたします。

【各章《かくしょう》の補足説明《ほそくせつめい》】

◆１章　みんな元気《げんき》に胸《むね》をはって生《い》きたいね【ネパール】

アジア保健研修所《ほけんけんしゅうじょ》（AHI）の設立《せつりつ》の経緯《けいい》を紹介《しょうかい》しています。創設者《そうせつしゃ》の川原啓美医師《かわはらひろみいし》が、ネパールの病院《びょういん》や村《むら》で感《かん》じたことが、AHI の原点《げんてん》です。

◆２章　ぼくたちの手《て》で【ネパール】

ネパールでは最《もっと》も弱《よわ》い立場《たちば》にある子《こ》どもたちへの暴力《ぼうりょく》や虐待《ぎゃくたい》が大《おお》きな社会問題《しゃかいもんだい》になっています。これに対《たい》して、子どもたち自身《じしん》が立《た》ち上《あ》がり、力《ちから》を合《あ》わせて地域《ちいき》を支《ささ》えていく活動《かつどう》を伝《つた》えます。

◆３章　学校《がっこう》へ行《い》けたらいいのだけど…【インド】

カースト制度《せいど》の外《そと》におかれた「ダリット」の人《ひと》たちに対する差別《さべつ》は、今《いま》も根強《ねづよ》く残《のこ》っており、中《なか》でも女性《じょせい》は特《とく》に弱い立場にあります。「ダリット」の人《ひと》たちが抑圧《よくあつ》された状態《じょうたい》から解放《かいほう》され、自立《じりつ》するための活動が NGO（非政府組織《ひせいふそしき》）によって進《すす》められています。

◆４章　シャンティ（平和《へいわ》）！　みんなでつくろう【スリランカ】

紛争《ふんそう》が長《なが》く続《つづ》いていたスリランカで、民族《みんぞく》や宗教《しゅうきょう》が異《こと》なる子どもたちが、それぞれの母語《ぼご》と異なることばでスピーチ・コンテストに参加《さんか》しました。その中で、お互《たが》いに力を合わせて平和をつくっていこう、というメッセージが語《かた》られました。

◆５章　水《みず》・緑《みどり》・子どもたち【バングラデシュ】

バングラデシュの大雨《おおあめ》といえば、洪水被害《こうずいひがい》のニュースばかり取《と》り上《あ》げられますが、この水は、人々《ひとびと》の生活《せいかつ》を支える恵《めぐ》みでもあるということを、人々の暮《く》らしから伝えています。

◆６章　ミャオ――エイズと生きる少女《しょうじょ》【タイ】

両親《りょうしん》を通《つう》じてエイズに感染《かんせん》した少女が、家族《かぞく》のことや村《むら》での差別のこと、治療《ちりょう》で少《すこ》し元気でいられること、そして将来《しょうらい》の夢《ゆめ》について語っています。ミャオがこのままずっと生きていくためにはどうしたらいいのでしょうか。みなさんもぜひいっしょに考《かんが》えてみてください。

◆７章　おいしいお米《こめ》のひけつはね…【カンボジア】

カンボジアは長い間《あいだ》、多《おお》くの農家《のうか》が生産性《せいさんせい》を上《あ》げるために輸入農薬《ゆにゅうのうやく》や化学肥料《かがくひりょう》を使用《しよう》してきました。最近《さいきん》は国内《こくない》でも“安全《あんぜん》でおいしいコメ”に対するニーズが高《たか》まっており、NGO の助《たす》けを借《か》りて有機栽培《ゆうきさいばい》をする農家が少しずつ増《ふ》えています。

◆８章　森《もり》のくらし【ラオス】

動物《どうぶつ》、魚《さかな》、木《き》の実《み》、山菜《さんさい》、草《くさ》、虫《むし》……、森とともに生きる人たちの豊《ゆた》かさに驚《おどろ》かされます。

だからこそ、森を失《うしな》うことは生活が脅《おびや》かされるということ。ナカイヌア村の人たちは、その後《ご》、2008年《ねん》にダムの放流《ほうりゅう》の影響《えいきょう》を受《う》けるという理由《りゆう》で、村から立《た》ち退《の》きを強《し》いられました。

参照《さんしょう》：メコンウォッチ　ラオス・ナムトゥン２ダム移転村訪問報告

http://www.mekongwatch.org/env/laos/nt2/nt2report2008.pdf

第40回財務省 NGO 定期協議質問書

http://www.jacses.org/sdap/mof/gijiroku/mof40_question.pdf

◆9章　ヒエップはだまっているけどね…【ベトナム】

ベトナムでは戦後《せんご》35年経《た》った今もなお、次世代《じせだい》の子どもたちが障《しょう》がいを背負《せお》って生きています。そうした子どもたちが社会《しゃかい》で生きていくためには、機能回復《きのうかいふく》だけでなく、勉強《べんきょう》や職業《しょくぎょう》訓練《くんれん》の機会《きかい》があり、子どもたちの才能《さいのう》や技術《ぎじゅつ》が地域に生かされるような仕組《しく》みづくりが重要《じゅうよう》です。

◆10章　ながーい家《いえ》のみじかい休日《きゅうじつ》【マレーシア】

サラワク州《しゅう》のイバンの人たちは、今もずっとこの高床式《たかゆかしき》の長屋《ながや》に暮らしています。一《ひと》つの共《きょう》同体《どうたい》として伝統《でんとう》を守《まも》り、自然《しぜん》の利用《りよう》の仕方《しかた》もずっと昔《むかし》から引《ひ》き継《つ》がれてきました。大切《たいせつ》に守ってきた森の木々が、よその国《くに》に売《う》られていく……イバンの子どもたちの眼《め》にはどのように映《うつ》っているのでしょうか。

◆11章　サマサマ（みんないっしょ）さ！【インドネシア】

インドネシアの村で、障がいがある子とない子がいっしょに生活している例《れい》を紹介します。当事者《とうじしゃ》だけでなく、地域の人たちもいっしょに「障がいを乗《の》り越《こ》えたい」と願《ねが》い、そのための環境《かんきょう》づくりをしています。かつて村の自助《じじょ》グループに関《かか》わっていた障がい者自身が、今はNGOワーカーとして活動しています。

◆12章　毎日《まいにち》歯《は》みがき　ずーっとラミ（おいしい）！【フィリピン】

フィリピンは最近、健康《けんこう》への意識《いしき》が高まり、食《た》べ物《もの》に対する見直《みなお》しが進《すす》んでいます。しかし、特《とく》に貧《まず》しい家庭《かてい》の子どもたちにとっては、手《て》ごろな値段《ねだん》で買《か》える高《こう》カロリーの甘《あま》いおやつや清涼飲料《せいりょういんりょう》は、楽《たの》しみの一つです。日本人《にほんじん》の歯科医師《しかいし》がミンダナオ島《とう》のある農村で始《はじ》めた活動を紹介します。

◆13章　やっぱり私《わたし》たちの台湾《たいわん》【台湾】

日本の植民地《しょくみんち》から中国国民党《ちゅうごくこくみんとう》の支配《しはい》へと、台湾の歴史《れきし》と共《とも》に育《そだ》った主人公《しゅじんこう》の生《お》い立ちを紹介しています。蕭《シャオ》さんのように、病気《びょうき》などで困《こま》っている人を助けたいという願いは、国を越えて、人と人の関係《かんけい》を生《う》み出《だ》します。平和はこのような関係をきっかけにしてつくられるのでしょう。

編集に協力いただいた方々（順不同、敬称略）

（編集委員）
赤尾　真知子
赤羽　菊子
岩本　和則
印南　ゆう子
小木曽　良子
奥田　陸子
加藤　実治
金木　京子
神谷　欣吾
草野　由美子
小澤　まゆか
三田　浩勝
竹田　正保
田原　尚子
長田　康志
長谷川　孝子
初井　敦子
服部　咲子
泥谷　友恵
藤本　五百子
森　久子
諸橋　美月
三浦　恭子
水谷　佐恵子
森崎　芳子
山口　光子
山田　光
若杉　仁美

（協力）
荒川　純太郎
上見　哲弘
加藤　多佳子
小林　好美子
近藤　愛子
鈴木　幸代
瀬戸　裕之
田口　恵美子
研山　真吾
深谷　優美
AHIマレーシア生活体験ツアー参加者の皆さん
野々山　郁
山下　政一
第7次LENPツアー参加者の方々
黄　三榮
陳　麗妃
ダンテ・シンブラン
マイトゥリダルタル・ムンムン
メリサンダ・ベルコヴィッツ
カピタ・アヤル
プラビーナ・ワグリ
イン・マン
ジェガナサン
フェリックス・スギルタラー

（イラスト）
印南　ゆう子（1、3、5、8、10章）
小澤　まゆか（2、4章）
草野　由美子（1、3章）
泥谷　友恵　（2章）
山田　光　（4、7、9、11、12、13章）
若杉　仁美　（6章）

＜アジア保健研修所＞

アジア保健研修所（AHI）は、アジアの人びとの健康の増進を目的として、1980年に設立された。「自立のための分かちあい」を合言葉に、アジアからの研修生を受け入れ、その地域にあった社会づくりを支援している。また、多くの会員やボランティアの方々に支えられながら、会報の発行や講座の実施、オープンハウス等のイベントを通じて、アジアを理解し、共に生きることを考えるための場を提供している。

財団法人　アジア保健研修財団
〒470-0111　愛知県日進市米野木町南山987-30
電　話　0561（73）1950
ＦＡＸ　0561（73）1990
メール　info@ahi-japan.jp
ウェブサイト　http://ahi-japan.jp/

☆「アジアの子ども」のバックナンバーは、上記のウェブサイトに掲載されています。ご希望の方には最新号をお送りします。アジア保健研修所までご連絡ください。

イラストで知る　アジアの子ども

2010年9月5日　初版第1刷発行

編著者　財団法人　アジア保健研修財団
発行者　石　井　昭　男
発行所　株式会社 明石書店
〒101-0021　東京都千代田区外神田6-9-5
電　話　03（5818）1171
ＦＡＸ　03（5818）1174
振　替　00100-7-24505
http://www.akashi.co.jp

装丁　清水肇（プリグラフィックス）
印刷　株式会社文化カラー印刷
製本　協栄製本株式会社

ISBN978-4-7503-3262-8
（定価はカバーに表示してあります）